JN439925

가벼움으로 가는 길

가벼움으로 가는 길

명인숙 수필집

세종출판사

| 작가의 말

멈출 수 없는 시간은 바람처럼 지나가고 늘 채워지지 않는 허전함이 있었다. 세상에서 가장 공정한 것이라면 시간이다. 누구에게나 공정하게 선물한 시간을 나는 나를 위해 사용하기 어려운 여건에서 살아야 했다. 그래서일까, 이제는 시간이 아름답다고 느껴진다. 시간이 모든 것을 창조하기 때문이다.

10여 년 전부터 남편과 함께 농장을 조성하여 주말마다 다니며 농사를 짓기 시작했다. 농사는 나를 다른 사람으로 바꾸어 놓았다. 자연이 가르쳐 준 것은 새로운 희망이었다. 올해 농사를 잘못 지으면 내년에 다시 지을 수 있는 희망을 땅에서 배웠다. 날마다 해가 뜨고 바람이 불고 종종 비가 오는 의미를 농사를 짓고부터 실감했다. 농사는 사람의 감정보다 더 여리고 민감한 것이었다. 쓰러진 도라지를 붙들고 또는 구기자를 붙들고 또는 가지 꺾인 감나무를 붙들고 함께 울던 날이 많았다. 그러다가 수확을 하는 가을엔 감격 그 자체였다. 눈물겨웠다. 먹기도 아까웠다. 그냥 두고 보고만 싶을 지경이었다.

십년 만에 작품집을 낸다. 첫 수학을 할 때가 생각난다. 그 때 감격과 설렘이 가슴을 가득 채운다. 그러나 아직 덜 익은 풋감 같은 작품을 부끄러움을 무릎 쓰고 내보낸다. 아직 문학적 기교도 세련미도 익히지 못한 채 말이다. 농장의 일상들, 내 자식처럼 키우고 돌본 농장의 서사를 담았다. 다행히 희망이라면 모자람은 또 다른 희망이라는 말을 믿어보는 수밖에 없다. 그러나 늦둥이를 낳듯 첫 자식을 낳는 설렘은 숨길 수가 없다. 내가 첫 수확을 할 때의 감격처럼 이 글이 어느 한 사람에게라도 위안을 주었으면 좋겠다. 연로하신 어머니와 항상 격려와 도움을 주는 가족들에게 고마운 마음을 전한다.

2019년 11월 해운대에서 명 인 숙

차례

제1부

2부

3부

1부

새들에 대한 안부

잘 우러난 구기자차를 크리스털 글라스에 따랐다. 투명한 붉은 빛깔이 보석처럼 빛났다. 지난해 가을 감 따던 일이 한 폭의 그림처럼 떠올랐다. 그날 경남 의령이 둥지고 있는 벽화산은 부지런히 가을바람을 쏟아 내리고, 높이 올라간 푸른 하늘 아래 우리 과수원 감 밭에서는 둥실둥실한 대봉감이 찬란한 빛깔을 과시하고 있었다. 신출내기 농부를 만나 어렵사리 세상에 나온 열매, 우리의 첫 열매였다. 잘 익은 대봉감은 지상에서 가장 크고 아름다운 한 덩이 보석 같기도 하고 위대한 작가가 낳은 예술작품 같기도 했다. 감을 따러 간 우리 가족들은 "와!" 하며 일제히 탄성을 질렀다.

찬란한 보석 같은 감을 만나기까지 어설픈 초보 농부의 농사짓기는 팔 할이 눈물이었기 때문이다. 천신만고 끝에 최고봉에 오른 산악인처럼 5년 만에 맞이한 첫 수확 앞에 가슴이 두근거렸다. 비로소 노동이 아름답다는 말을 뼛속으로 실감하면서 설레는 마음으로 감을 따기 시작했다. 감은 드문드문 달려있고 햇살이 붉은 감빛과 잘 어우러졌다.

우리들 머리 위에서는 새들이 떼를 지어 날고 있었다. 새들이 우리의 첫 수확을 축하라도 해주듯 합창을 해가면서 열심히 날았다. 축하를 받을 만도 했다. 눈물겨운 5년의 시간을 새들도 환히 알 것이었다. 묘목을 심고 그것이 열매를 품은 어미나무로 자랄 때까지 태풍이며 가지치기며 풀매기며 힘들고 마음 졸인 시간이 얼마였던가!

그런 생각을 하면서 우리는 커다란 대봉감을 갓 태어난 아기를 받아 안 듯이 한 개씩, 한 개씩, 따서는 행여 다칠세라 조심조심 바구니에 담았다. 그런데 감은 경이롭게도 우리에게 생각지도 않은 선물까지 안겨주었다. 감은 또 다른 보석 하나씩을 품고 있었다. 도르르 말린 감꼭지마다 빨간 구기자가 한두 개씩 꼭꼭 박혀있었다. "감이 액세서리를 꽂았나?"

하고 모두 소리치며 웃었다. 웃으면서도 신기한 일이라며 고개를 갸웃거렸다. 감꼭지에 박혀있는 구기자는 하나하나가 구기자 중 구기자였다. 크고 실할 뿐만 아니라 빛깔이 뛰어난 것들이었다. 감은 감대로 구기자는 구기자대로 따로따로 모았다. 뜻하지 않게 구기자를 모으게 되자 횡재를 한 것만 같았다.

머리위에서는 여전히 새들이 날고 있었다. 새들은 줄잡아 이십여 마리쯤 되어보였다. 우리들 기분을 아는지 새들이 무척 활기차게 날았다. 감나무에 곧 내려앉을 듯, 하면서도 내려앉지는 않았다. 조금 있으려니 서너 마리 까마귀들이 날아와 한 몫 끼려고 기웃거렸지만 먼저 날아온 새들이 그들을 허용하지 않았다. 한참 실랑이를 벌이다 중과부적으로 까마귀들이 쫓겨 달아나고 말았다.

우리는 재미나게 감 따기를 끝내고 사흘이 지난 다음 구기자를 따러 갔다. 구기자 밭은 감나무 밭과 나란히 붙어 있었다. 구기자도 첫 수확이라 가슴 설레기는 마찬가지였다. 빨간 구기자도 대봉 감 못지않게 우리를 감동시켰다. 가늘고 낭창거리는 줄기마다 촘촘하게 달린 열매를 이기지 못해 땅으로 축축 처져있었다. 가슴이 뭉클했다. 4년 동안 갓난아이 키우듯 키웠던 것들이었다.

구기자나무 묘목은 감나무 묘목보다 훨씬 더 애간장을 태웠다. 4년 전, 길이가 겨우 한 뼘 정도나 될까 말까한 어린 구기자 모종을 심어놓고, 마치 그 옛날 문익점이 등불을 들고 어린 목화 싹을 지켰다는 것처럼, 가슴을 졸였다. 아무리 봐도 어린 구기자나무가 살아나 열매를 맺을 것 같지 않아보였다. 볼 때마다 애처롭기 짝이 없었다.

여름이 되자 구기자 밭이 풀로 뒤덮였다. 다행히 어린 구기자나무가 풀 속에서 용케 생명을 유지하고 있었다. 밭이랑을 따라 군데군데 말뚝을 박고 줄을 만들어 가늘고 힘없는 구기자나무 줄기를 하나하나 줄에 붙들어 매주었다. 줄에 의지한 구기자나무는 그해 추운 겨울을 잘 견디고 이듬 해 봄을 맞았다. 열심히 풀을 뽑아주면서 손길로 눈길로 아이를 키우듯 쓸어주고 안아주었다. 아이가 뒤집기를 하고 일어나 앉다가 걸음마를 시작하듯이 가지들이 조금씩 굵어지기 시작했다.

그렇게 3년이 지나갔다. 그때서야 줄기가 성큼 1미터가 넘으면서 구기자 밭이 되어갔다. 그런데 그때부터 시작이었다. 아직 거쳐야할 관문이 수두룩이 남아있었다. 4년차 여름을 맞았다. 여름 태풍을 맞은 구기자나무가 단풍든 것처럼 잎이 누렇게 변해버리고 말았다. 도무지 푸른 잎이라고는 단 한 개도 보이지 않았다. 마지막인가 싶었다.

그동안의 수고가 허망했다. 그래도 포기하지 않고 열심히 풀을 뽑아주면서 제발 살아나기를 빌고 또 빌었다. 다행히 삼복더위를 무사히 넘기더니 기사회생을 하기 시작했다. 마치 새봄을 맞은 것처럼 나무줄기마다 새 잎이 돋아나면서 하얀 꽃들이 줄지어 피어난 것이었다. 그러더니 구기자가 조랑조랑 열리기 시작했다. 기사회생을 해준 것만 해도 눈물겨운데 “열매라니!” 기가 막힌 반전이었다.

가을이 시작되면서 감나무에서는 감이 익어가고 구기자 밭에서는 구기자가 익어갔다. 누구에게나 햇빛과 바람과 비를 주듯이 자연의 오묘한 법칙은 평등했다. 크든 작든 열매가 익어가는 속도는 똑같았다. 어디선가 새들이 날아와 감밭과 구기자 밭을 오가며 내려 앉아 재미나게 지저귀며 놀다 가곤했다.

구기자를 따면서 문득 감꼭지에 박혀있던 구기자를 떠올렸다. 일손을 멈추고 남편을 향해 소리치듯 말했다.

“참, 감꼭지에 박혀있었던 거, 우리 구기자 아닐까?”

남편은 모를 일이라며 고개를 좌우로 흔들었다. 나는 다시 남편을 향해 의문을 제기했다.

"그런데 어떻게 거기에 박혀 있었지?"

"그거요, 자들 짓이라."

마침 마을 이장이 지나가다 걸음을 멈추었다. 이장은 하늘을 가리켰다. 감을 딸 때 우리 머리위에서 맴을 돌던 새들이 감나무 밭에서 아직도 날고 있었다. 이장은 '새들이 자기네들 겨울양식을 잃어버린 것이 원통해서 감나무 밭을 떠나지 못한 것'이라고 했다. 이장은 새들에게 세금을 내야한다며 웃고 내려갔다.

새들은 하염없이 그 자리에서 빙빙 날고 있었다. 그러다가 새들이 다시 구기자 밭으로 날아왔다. 우리 때문에 가까이 다가서지 못한 채 높이 원을 그리며 날았다. 나는 남편에게 "우리가 탈세를 했네요. 이제라도 세금 좀 냅시다." 라고 했다. 남편도 그러자고 했다. 그날 구기자를 다 따지 않고 산을 내려왔다. 며칠 뒤 다시 구기자 밭으로 갔다. 남겨두었던 구기자들이 거의 사라지고 없었다. 공중을 빙빙 도는 새들도 보이지 않았다. 우리는 감을 딸 때까지만 해도 새들이 감쪽지에 구기자를 따다가 감추어 놓은 거라고는 전혀 생각하지 못했었다.

지난겨울 유난히 눈이 많이 내렸다. 생뚱맞게 3월에도 가끔 눈이 내렸다. 새들이 떠올랐다. 새들이 새로 딴 구기자를 잘 감추었는지, 다른 해보다 길었던 겨울에 잘 먹고 잘 살았는지 궁금했다. 친구에게 구기자와 새 이야기를 하면서 내년에는 구기자를 더 많이 남겨놓을 생각이라고 했다. 그러자 친구가 고생한 게 얼마며 구기자 값이 얼만데 그런 소릴 하느냐고 했다. 맞는 말이었다. 고생한 걸 생각하면 먹기도 아까웠다.

그래도 새들이 자꾸 떠올랐다. 새들과 공생했다는 걸 생각할수록 아이들처럼 마음이 설렜다. 구기자 몇 되 주고 그런 재미, 그런 특별한 기쁨 살 기회가 없을 것이었다. 친구에게 내년부터 구기자 값이 배로 올랐으면 좋겠다고 했다. 친구는 나에게 새처럼 머리가 비었느냐고 했다. 그것도 좋다고 했다. 새처럼 머리를 비우고 살면 얼마나 좋겠느냐고 응수했다. 사실 새는 머리가 빈 것이 아닌데 사람들은 새를 머리가 빈 걸로 잘못 알고 있었다.

올해도 새와 공생하는 재미가 나에게 기쁨을 가져다 줄 것이라는 기대에 벌써부터 부풀어있다. 며칠 전 태풍이 순하게 지나가 주었다. 우리 과수원에서는 지금 열심히 감이 크고 있다. 구기자 밭에서는 구기자가 부지런히 자라고 있다. 그것들은 곧 가을을 맞이할 것이고, 새들이 또 구기자를 따러 올 것이다.

꽃밭의 서사

새벽 5시, 의령을 호위한 벽화산이 새벽안개에 싸여 있다. 8월의 푸른 숲은 밤새 퍼부은 눈서리에 덮인 듯 하얗다. 한여름 불볕더위를 피해 농장일 하기에는 그저 그만이다. 남편은 과수원에서 예초기로 풀을 베고, 나는 꽃밭에 앉았다. 농장일은 남편이 모든 것을 관할하지만 꽃밭은 마치 어떤 성역처럼 전적으로 내 소관이다. 꽃밭에서 만만찮은 잡초들을 뽑기 시작한다. 주말마다 풀을 매는 일은 그야말로 전쟁이다. 풀은 매고 돌아서면 다시 태연하게 우거져 사람을 탈진하게 만든다. 풀을 맬 때마다 무엇이든 한여름 풀 같이만 성한다면

겁날 게 없고 못해낼 게 없겠다는 생각이 들곤 한다. 농장에서 내가 가장 애정을 쏟는 곳은 다름 아닌 꽃밭이다. 7년 전 과수원을 시작할 때 맨 먼저 꽃을 심었는데 꽃밭은 제1 꽃밭을 넘어 제2 꽃밭 두 곳으로 늘어났다.

나는 제1 꽃밭부터 풀을 맨다. 바라볼 때마다 예쁘고 귀엽고 사랑스러운 '내 새끼들' 같은 꽃들이 말 잘 듣는 아이들처럼 차례대로 줄지어 있다. 맨 앞줄에 금잔화가 있고, 노란색 꽃들이 피기 시작한다. 두 번째 줄에는 목단이 점잖게 서 있다. 봄에 자주색 큰 꽃송이들을 달고 힘겨워 했던 목단 4포기가 무성한 잎을 자랑하고 있다. 목단 옆으로 접시꽃이 8월의 태양 같은 빨간 꽃을 줄줄이 피워 올렸다. '날 보란 듯이' 꽃잎이 팔랑거린다. 어려서 꽃잎을 따 코에 붙이고 나비 흉내를 내던 일이 새롭다.

세어보니 다섯 포기가 나란히 서서 키 재기를 하고 있다. 옆으로 접시꽃과 나란히 서있는 범부채는 푸른 잎을 부채처럼 척 펼쳐놓고 가느다란 꽃대 끝에 앙증맞은 노란색 꽃들을 피워 올렸다. 덩치에 비해 작은 꽃이 언밸런스를 이루지만, 그래서 더욱 귀엽고 눈이 간다. 범부채 꽃은 질 때가 되면 꽃잎을 돌돌 말아 놓는 특성이 있다. 딴엔 시든 모습을 남에게 보이지 않겠다는 고집이다. 맨 뒷줄엔 키 큰 백합들이 횡렬로 서 있다. 한여름이라 꽃은 지고 없지만 껑충 큰 키와 굵은 가지들을 곧게 뻗고 있어 서슬 푸른 기상을 자랑한다. 아무리 바빠도 백합 칭찬을 해주고 넘어가야할 것 같다.

백합꽃이 한창 피었을 때, 사랑의 묘약 같은 그 아득한 향기는 맨 처음 사랑을 만난 것 같은 가슴 떨린 기분을 감당할 수가 없다. 그래서 나는 백합을 귀족 꽃 정경부인이라고 부른다. 꽃들이 끝나는 자리에는 이십여 개 옛날 장독들이 나란히 자리 잡고 있다. 풀잎에 살짝살짝 가려있어 바람 불 때마다 갈색이 더욱 돋보인다. 장독에는 미리 담가둔 된장과 간장들이 한여름 태양아래 익어가는 중이다.

제2 꽃밭으로 자리를 옮겼다. 두 번째 꽃밭은 새파란 잔디밭과 함께 직사각형으로 길게 자리 잡고 있다. 제1 꽃밭이 제멋대로라면 제2 꽃밭은 제1의 경험을 살려 제법 모양새를 갖춘 셈이다. 앞줄에 봄에 피는 수선화와 독일 붓꽃이 나란히 서 있고 그 뒤로는 키 작은 미스 김 라일락 여섯 그루가 서 있다. 미스 김 라일락은 역수입 종이다. 물 건너갔다가 다시 물 건너 온 탓인지 향기가 일반 수수꽃다리보다 두 배는 됨직하다. 세상이 다 알다시피 향기가 너무 진해 가슴이 아릴 지경이다. 그래서 나는 미스 김이 미국에서 고생한 눈물의 향기라고 생각한다. 다음엔 치자나무가 키는 작지만 다부지게 자리 잡고 있다. 향기로 치면 치자도 백합처럼 꽃향기 역시 정경부인의 미소 같다. 하얀 옥양목 빛 꽃이 피면 갑자기 시를 쓰고 싶은 충동이 마구 솟구쳐 오르기도 한다.

치자나무 옆으로 동백나무가 있다. 향기는 없어도 빨간 꽃이 필 때면 애절하다. 이상하게도 산새들은 동백나무에 앉아 울기를 좋아한다. 새들이 한참 울고 가면 동백꽃 지는 소리가 툭, 툭, 지심이 울리도록 떨어진다. 나는 그때마다 가슴이 찡해지는 울림을 외면할 수가 없다. 스쳐가듯 들은 전설과 함께 아무래도 동백꽃은 예사롭게 볼 꽃이 아니라는 그 심오한 풀이는 숙제로 남겨둔 상태다. 동백 옆에는 흰색과 분홍색의 접시꽃과 푸른 하늘을 닮은 탐스런 수국 꽃이 한창이다. 덩실덩실 달덩이 같은 꽃을 자랑하는 수국을 볼 때면 마음이 풍성한 부자가 된 기분이다. 맨 뒷줄에는 조팝나무와 산수국이 있다.

봄이면 조팝나무는 하얀색의 좁쌀 같은 작은 꽃들을 입추의 여지없이 피워 물고 생각에 잠겨있기 마련이다. 할머니 말씀에 따르면, 그 옛날 좁쌀 밥이 가장 싫었다고 한다. 깔깔하고 먹고 돌아서면 금세 배가 고픈 탓이라고 했다. 또 한 가지

나쁜 추억은 일제강점기 때 일본이 우리나라 기름진 쌀을 모두 공출해가고 대신 자기네 나라에서 난 잡곡 중 "이 놈의 좁쌀을 그것도 썩어가는 것을 마구 풀어 먹였지"라고 하시던 말씀이 떠오르지만 꽃은 아롱아롱 눈 시리게도 예쁘다. 나는 조팝나무를 어루만지듯 쓰다듬어주고 산수국을 바라본다.

산수국의 신묘함을 안 사람은 산수국에 대한 생각을 가볍게 여기지 않는다. 수국보다 꽃은 턱 없이 작다. 색깔은 똑같이 보랏빛 흰빛이 복합되지만 꽃잎이 개별적으로 하나씩 달린다. 대신 한겨울에도 '안은 꽃'이 존재한다. 마치 마른 씨앗 같은 것이 동그란 모가지를 하고 우뚝 속대를 뽑아 올려놓고 겨울바람을 탄 것이다. 그 마른 씨알 같은 속대 꽃을 꺾어다 집에 꽂아두었더니 일 년이 가도 이년이 가도 마치 강력 본드로 붙여놓은 것처럼 씨알 하나 떨어지지 않은 채, 손으로 비벼도 결코 떨어지지 않은 채 그대로다. 옆으로는 친구처럼 반송 소나무가 있어 사철 산수국과 함께 한다.

제2 꽃밭에는 작은 연못이 있다. 꽃밭을 만들고 나자 연못을 만들고 싶었다. 사람의 욕망은 끝이 없다는 말대로 꽃밭과 연못이 잘 어울릴 것 같았다. 고개를 들면 벽화산이요, 우리 농장 천여 평에는 과수가 자라고 내가 만든 꽃밭엔 온갖 꽃들이 살고 있는데, 빠진 게 연못이었다. 욕심껏 연못을 만들고 거기에 작은 붕어와 미꾸라지를 넣었다. 미꾸라지를 넣은 게 잘못이었다. 미꾸라지 때문에 연못은 늘 흙탕물을 면치 못했다. 사람살이를 생각했다. 사람 모인 곳에 가보면 적어도 하나쯤은 꼭 미꾸라지 같은 누군가가 있다는 사실, 결국 연못은 '미꾸라지 같은 인간이 되어서는 안 된다'는 말씀을 나에게 선물해 주었다. 연못에는 연꽃이 피어있고 연못가에는 해당화가 큰 무리를 이루고 있다.

연꽃과 해당화가 서로 화답하듯 마주보며 피고 진다. 연못과 조금 떨어진 곳에는 복수초와 황매화단지를 만들었다. 꽃밭에는 겨울을 제외하고 3계절 꽃이 핀다. 아니 겨울에는 산수국이 꽃이니 사계절이라고 해야 옳다. 가수 김부자 씨가 '달아달아 밝은 달아'라는 노래로 일 년 열두 달을 노래하듯, 내 꽃밭에도 일 년 열두 달, 달마다 또는 계절단위로 꽃이 핀 것이다. 아직 해동도 되지 않는 2월부터 동백꽃과 노란 복수초를 시작으로 매화, 홍매화, 명자나무 꽃, 앙증맞은 수선화가 핀다. 이어서 향기로 사람을 마비시켜버리는 미스 김 라일락이 피고, 황매화, 낭창낭창한 가지가 휘어지도록 좁쌀처럼 작은 꽃들이 목화송이처럼 피는 조팝, 키 큰 목수국, 붉은 목단, 그리고 4월부터 11월말까지 피고지고 피고지는 해당화가 있다. 초여름이 되면 키다리 접시꽃과 장미꽃들, 백설 같이 흰 백합이 피고, 탐스러운 수국과 산수국이 여름부터 된서리가 올 때까지 무성하게 핀다. 그리고 독특한 향기로 뱀을 쫓아낸다는 금잔화, 노랑 코스모스, 해바라기가 가을을 부른다.

내가 흘린 땀을 먹고 꽃을 피우는 내 꽃밭, 소중한 자식처럼 볼수록 꽃이 좋다. 내가 키워놓은 꽃을 볼 때마다 가슴이 훌훌 더워진다. 이런 재미에 어느 때부터인가 농장에 올 때마다 꽃을 본다는 기쁨이 희망이 되었다. 그런데 세상에는 반드시 대가를 요구하기 마련, 전쟁은 총칼을 들고 전장에 나가본 사람만이 안다. 나는 호미를 들고 주말마다 풀들과 전쟁을 해야 한다. 뽑고 돌아서면 "용용 죽겠지" 하고 약을 올리듯 다시 처음처럼 우거져있는 풀숲, 풀을 적당히 두고서는 꽃들을 즐길 수가 없어 내 손은 풀물이 들고 호미 끝은 뭉텅하게 닳아버릴 지경이다. 엄마 손이 간 것만큼 아이들이 건강하게 자라듯, 나는 꽃을 지켜주고 꽃은 나에게 기쁨을 준다. 새벽이라도 땀을 흘릴 만큼 흘렸다.

허리를 펴고 사방을 둘러본다. 안개가 사라져버린 산이 환하다. 과수원 쪽에서 아직도 남편이 휘두르는 예초기 소리가 윙윙 들려온다. 사람이 무슨 일을 잘하고 나서 보람을 느낄 때면 누군가에게 자랑하고 싶어지는 것은 당연한 심리일 터, 누군가에게 꽃밭을 자랑하고 싶다. 동편에서 막 솟아오른 햇살 아래 꽃밭이 찬란하다. 내가 가꾼 꽃밭이 지금 당신을 초대하고 있다.

나의 아리랑 도라지

해운대에서 자동차로 남해고속도로를 달려 군북의령 나들목 국도를 20분쯤 달려가면 의령 중리 마을에 닿는다. 오늘도 우리 부부는 싱그러운 새벽길을 그렇게 달려 농장 진입로에 있는 마을에 도착했다. 먼저 이장님 댁에 들렀다. 지난주에 부탁했던 수국모종을 얻기 위해서다. 부지런한 이장님이 이른 새벽에 일어나 풀을 한 짐 베어 들고 집으로 막 들어섰다. 이장님은 우리에게 인사를 하고는 곧장 닭장으로 향했다. 구, 구, 구, 하면서 닭을 불러 모은 다음 닭장 안으로 막 베어온 풀무더기를 던져주었다.

삼십여 마리 닭들이 우르르 문 쪽으로 모여들었다. 풀을 쪼느라 야단법석인 닭들을 유심히 헤아리던 이장님은 통통 살찐 놈 두 마리를 잡아내어 자루에 담아 우리에게 건네주셨다. 농장 일이 끝나면 잡아먹으라고 했다. 우린 닭과 수국모종을 받아들고 농장으로 왔다. 닭 한쪽 다리를 끈으로 묶어 나무에 매어 놓고 일을 하다가 틈틈이 쌀도 주고 풀도 뜯어 주었다. 닭들은 주눅이 들었는지 주저앉아 눈을 내리 깔고 먹지 않았다. 고개를 이리저리 돌리면서 눈을 감았다 떴다 하면서 눈치를 보는 것이었다.

농장일은 해도 해도 흐르는 물처럼 끝도 없고 흔적도 없다. 지난봄에 심은 포도나무 네 그루가 겨울을 나면서 얼어 죽었는지 싹을 틔우지 않았다. 그것들을 파내고 새로 구입한 포도나무를 심었다. 남편이 이곳저곳 나무들을 둘러보며 보호대를 세워주는 동안 나는 고추밭을 둘러봤다. 지난번에 이웃집 할아버지 댁에서 얻은 짚으로 덮어주었더니 풀이 별로 없었다. 고추나무마다 곁순을 따주었다. 호박, 오이, 가지도 곁순을 말끔하게 따주었다. 작년에 곁순을 그대로 두었다가 고추농사 실패했던 걸 경험으로 올해는 꼼꼼하게 살핀 것이다.

연못은 온통 흙탕물이었다. '미꾸라지'를 넣은 것이 잘못이었다. 물빛과 상관없이 연들은 새잎을 피워 물위에 사뿐히 띄워 놓았다. 창고 옆으로 가보았다. 작년에 심은 독일 붓꽃 아홉 뿌리가 싹을 내어 꽃을 두어 송이나 피워놓고 봐주기를 기다리고 있었다. 독일 붓꽃은 그야말로 화려하고 귀품이 뛰어난 자태를 자랑한다. 긴 꽃대에 보랏빛 분홍빛 줄지어 핀 꽃봉오리들이 바람 타는 것이 흡사 탐스러운 처녀들 같다. 농작물과 따로 가꾸어놓은 꽃밭에서는 백합이 키가 쑤욱 자라있고 옆으로는 접시꽃이 넓은 잎을 활짝 펼쳐 놓고 있다. 지난번에 준 거름발을 제대로 받은 것 같다.

도라지 밭으로 걸음을 옮겼다. 도라지 밭엔 한참동안 가지 못해 걱정이었다. 예상했던 대로 풀이 산처럼 우거져 있었다. 우거진 풀 속에서 자줏빛 꽃과 옥양목 빛 같은 흰 꽃이 보였다. 일반 호미로는 풀을 제거 할 수가 없었다. 호미 날이 넓고 끝이 삼각형이면서 낫처럼 날카로운 신형 호미를 집어 들었다. 도라지를 둘러싸고 있는 풀들은 줄기 밑부분에서 잘라주고, 도라지와 조금 떨어져 있는 풀은 뿌리를 뽑아 제쳤다.

풀을 뽑으면서 어떤 게 도라지이고 풀인지 구분하기가 어려웠다. 끝을 올려다보면서 꽃을 보고 확인을 해야 했지만 그것도 쉽지 않았다. 손 감각으로 구분하는 것이 가장 안전 했다. 딱딱하고 곧은 줄기는 도라지이고, 부드럽고 솥이 많이 잡힌 것들은 풀이라는 걸 알았다. 두 시간 걸려 두 이랑을 끝냈다. 밭을 매면서 자주 뒤돌아보면 힘이 빠지는 법, 정신없이 두 이랑을 끝내고 나서야 기분 좋아할 도라지를 상상하며 뒤돌아 봤다.

도라지 밭이 엉망이었다. 짐승이 짓이겨 놓은 것처럼 도라지들이 파죽지세로 쓰러져 있었다. 어쩌다 간신히 몸을 지탱하고 서 있는 것들도 바람에 휘청거렸다. 함부로 풀을 뽑아버린 것이 잘못이었다. 도라지를 괴롭힌다고 생각했던 풀들이 도라지를 지탱해 주고 있다는 걸 까맣게 몰랐던 것이다. 망연자실 앉아있는 나에게 남편이 "풀이라 하여 덮어놓고 제거하면 안 되는가봐." 라고 하면서 어서 물을 줘보라고 했다. 흙을 털고 일어나 힘없이 쓰러져있는 도라지들을 다독이며 물을 주었다. 문득 내가 처음만난 도라지가 떠올랐다.

도라지는 나에게 잊혀 지지 않는 특별한 기억으로 남아있는 탓이었다. 내가 도라지를 만난 것은 초등학교 3학년 때였다. 직업군인인 아버지를 따라 우리가족은 이사를 자주 다녀야 했다. 초등학교 3학년 때 충청도로 이사를 갔다. 그때까지 도시에서 살던 나는 갑자기 시골아이가 되었다. 먼 길을 걸어

학교에 통학해야 했다. 학교로 가는 길은 절반이 산길이고 절반은 들길이었다. 미군들이 탄 군용트럭이 종종 지나갔다. 미군부대가 있는 곳이었다.

미군들은 차를 길가에 정차시켜놓고 쉬면서 지나가는 나에게 껌도 주고 초콜릿도 건네주었다. 그럴 때마다 미군들이 노래를 흥얼거렸다. 우리말 같기도 한데 무슨 말인지 처음엔 몰랐다. 어느 날 그들은 길가 산에서 보랏빛 도라지꽃을 꺾어들고 와 내 눈앞에서 흔들어 보이며 "도라지, 도라지, 백도라지" 라고 노래를 불렀다. 그때부터 내 머릿속에 도라지라는 노래가 입력되었다.

처음으로 먹어본 미제 초콜릿과 껌에 대한 매력은 그들을 바짝 신뢰하게 만들었고 나는 아이러니하게도 미군들을 통해 도라지꽃에 관심을 갖기 시작했다. 그때부터 학교를 오가는 길에 도라지꽃을 찾아 산으로 올라갔다. 정말 도라지꽃이 있었다. 꽃을 꺾어왔다. 작은 꽃병에 꽃을 꽂아 내 책상 위에 올려놓았다.

어른이 되어서도 가끔 그때 미군들이 보여준 도라지꽃이 선했다. 그들은 내 마음속에 도라지꽃밭을 만들어준 것이었다. 그때 나는 도라지꽃밭을 만들고 싶다는 생각을 했다. 엄마에게 우리 집 마당에 도라지꽃을 심자고 했다. 엄마 역시 도시에서 자란 탓에 도라지꽃에 대해 잘 알지 못해 키울 수 없다고 내 말을 일축해버렸다. 그때 일을 생각하며 나는 농장을 일구자마자 도라지 씨부터 뿌렸다. 눈에 넣어도 아프지 않을 만큼 작은 씨가 싹을 잘도 틔워 주었다.

물을 흠뻑 먹은 도라지들이 서서히 몸을 일으켜 세우기 시작했다. 장하고 고마웠다. 생각해보니 산에 야생하는 도라지는 산의 무수한 풀숲에서도 잘 자라고 있었다. 풀 속에 묻혀 살아가면서 뿌리를 키우고 꽃을 피우고 향기를 만들어낸 것이었다. 풀과 함께 섞여 살아도 제 할 일을 다 한 도라지의 강인함이 우리 한국의 민족성을 닮았다는 생각이 들었다. 도라지는 확실히 애잔한 우리민족 정서를 상징하기에 충분했다. 앞으로는 도라지 밭에 난 풀을 적당히 뽑기로 했다. 물론 풀이 우거지면 뿌리가 살이 찌지는 못한다. 살이 덜 찌면 어떤가.

해가 저물어 가고 있었다. 우리도 농장 일을 끝내고 마주 앉았다. 마지막 일이 하나 남아있었다. 매어놓은 닭을 바라보며 닭을 어떻게 잡을 것인지를 고민했다. 닭이 우리끼리 한 말을 알아듣기라도 한 것처럼 목을 늘이며 요란하게 울어댔다. 남편은 도저히 닭 모가지를 비틀 수 없다고 했다. 나는 '남자가 그것도 못하느냐'고 핀잔을 줬지만 소심할 정도로 순한 남편 성격을 잘 아는 나는 불가능하다는 걸 알았다. 맛있는 토종닭고기를 먹기는 틀린 일이었다. 그런데다 닭은 계속 우리 눈치를 보며 불안해했다. 짧은 시간이지만 먹이를 주면서 약간 눈이 마주친 적도 있었던 터라 나도 먹을 맛이 사라지고 말았다. 우리는 각각 닭 한 마리씩을 안고 다시 이장님 댁으로 갔다. 도저히 잡을 수가 없으니 닭장에 다시 넣자고 했다. 이장님은 그렇지 않아도 반신반의했다고 웃으시면서 다음번에는 닭 모가지를 비트는 것뿐만 아니라 털까지 뽑아서 주겠다고 했다.

우리는 귀가를 서둘렀다. 부산을 향해 다시 어둠이 깔리는 국도를 달리기 시작했다. 산에서 소쩍새 우는 소리가 들렸다. 어두운 밤 벽화산에서 내려온 바람을 타고 새소리가 사방으로 퍼지고 있었다. 가지가지 꽃들이 살고 있는 나의 꽃밭은 밤새 소쩍새의 울음소리를 들으며 내일 아침 꽃을 피울 준비를 할 것이다.

속이 든다는 것에 대하여

꼿꼿하게 일어선 초록 잎들마다 서슬이 푸르다. 가을날 산들바람을 타며 배추밭에 자리 잡고 앉았다. 짱짱하게 중심을 잡은 알 배추가 잎마다 빈틈없이 서로 감싸 안고 단단히 서 있다. 성인이 된 청년을 대하는 것 같다. 그동안 내가 쏟아 부은 지극한 정성에 보답을 해준 것만 같다.

배추가 앉아 있는 곳은 봄에는 고추밭이었다. 50여 포기 고추모종들이 가지를 튼튼하게 펼치며 잘도 자랐었다. 붉은 고추들이 드문드문 보이기 시작하던 여름이었다. 막바지 더위가 기승을 부리던 주말, 푸른 고추밭이 탄저병으로 단풍이 들어 있었다. 탄저병은 전염이 빨라 고추에는 치명적인 병이다. 남편은 이웃하고 있는 남의 밭에 피해가 간다면서 단풍든 고춧대를 모조리 뽑아냈다. 뽑아낸 병든 고춧대를 밤에 밭 한쪽에서 불을 피우고 불속으로 던졌다. 병든 고춧대들이 하얀 연기를 피우며 밤하늘로 퍼졌다.

그것을 바라보는 마음은 허무하기 짝이 없었다. 밭을 갈아 두둑을 만들고, 비닐로 덮는 멀칭 작업을 한 다음 어린 모종을 사다가 한 포기 한 포기 물을 주어가며 정성껏 심었다. 부산에서 의령까지 먼 길을 주말마다 다니며 물을 주고 곁순을 따 주었다. 키가 자라면서는 바람에 가지가 꺾이지 않도록 일일이 지지대를 세워주고 끈으로 붙들어 맸다. 그렇게 아기 키우듯 키워 밥상에 풋고추를 올리게 되었는데, 갑자기 고추가 모두 물러지기 시작하면서 고추들이 밭고랑마다 우수수 떨어졌다.

밭에는 병이 쳐들어왔다하면 결코 그냥 물러가지 않았다. 미련 없이 고춧대를 모두 뽑아내기로 했다. 그동안 쏟아 부은 정성이 아깝기 짝이 없지만 도리가 없었다. 자연의 순리에 따르는 것이 농사가 아니던가. 서운한 마음을 다잡으며 철이 이르기는 하지만 김장배추를 심기로 했다. 의령 읍에 나갔더니 배추모종을 파는 곳이 있었다. 백포기 모종 한 판을 사왔다.

한 낮의 뜨거운 열기가 식어가는 해거름에 물을 충분히 준 모종판을 들고 밭으로 나갔다. 고춧대를 뽑아낸 곳마다 구멍을 뚫고 배추 모종을 심었다. 어린 모종은 조금만 손끝에 힘을 주어도 부러져 이제 막 탯줄을 자른 아이 다루듯 해야 했다.

봄에 심은 고추 대신 새로운 기대를 걸었다. 불길 속에 타버린 고춧대를 아까워하며 속이 상했지만 배추 모종을 심어 놓고부터는 다시 배추 사랑에 빠졌다. 물을 흠뻑 주고 부산으로 돌아왔지만 한낮의 땡볕에 어린 모종들이 잘 견뎌낼까 걱정이 되었다. 새벽에는 이슬이 많이 내렸는지 어떤지 알아보기 위해 아파트 밖으로 나가 화단을 살펴보기도 했다. 그렇게 일주일이 지난 다음 다시 주말을 맞아 농장으로 갔다.

놀랍게도 어린 모종들이 대부분 다 살아 있었다. 드문드문 말라 버린 것도 있었지만 제법 배추밭 모양이 되어 있었다. 얼마나 기특한지 반가움에 당장 물을 주고 싶었지만 참아야 했다. 아직 해가 많이 남아있는 이른 오후였다. 여름에는 흙도 뜨거워 해가 있을 때 물을 주게 되면 어린 모종들 뿌리가 손상을 입는 탓이었다. 부모가 자식을 과잉보호를 하게 되면 오히려 역효과가 발생하듯이 어린 모종도 마찬가지였다.

해가 서쪽으로 기울어지고 산에서 시원한 바람이 불어왔

다. 때를 맞추어 물을 주기 시작했다. 처음에는 물뿌리개에 물을 담아 포기마다 뿌려준 다음, 호스를 밭고랑에 대고 물을 흘려보냈다. 고랑에 흥건하게 물이 고일 때까지 흠뻑 물을 주고 나자 마음이 흡족했다. 배추가 완전히 뿌리를 잡고 새 잎을 두어 장씩 키워 올렸을 때쯤 배추벌레 약을 쳤다. 주말에 농장에 가면 배추밭을 가장 먼저 살펴보면서 정성을 바쳤다.

점점 배춧잎이 자라가고 속잎들이 촘촘히 들어차기 시작할 때쯤이었다. 배춧잎 끝에 까만 것들이 붙어 있었다. 달팽이들이었다. 번식력이 강하고 식욕도 좋은 달팽이들이 배추밭을 점령하여 포식을 하고 있었다. 야행성인 달팽이들을 잡으려면 밤에 랜턴을 비추면서 잡아야 했다. 남편과 나는 허리가 아리도록 밤중이나 새벽에 달팽이를 잡았다. 벌레도 일일이 잡아냈다. 일주일마다 만나는 배추는 다행히 우리 부부의 정성에 보답이라도 하는 것처럼 잘도 자라주었다. 배추는 같은 날 함께 심었다고 하여 모두 똑같이 자라지 않았다. 중간중간에 처지는 것들은 뽑아내어 국도 끓이고 쌈으로 먹었다.

가을 날씨가 점점 기온을 떨어뜨렸다. 추위가 오자 달팽이도 벌레도 사라지고 말았다. 배추들이 알배기를 시작하고 중심을 잡으면서 배가 오지항아리모양으로 불러졌다. 하늘은 눈이 시리도록 푸르렀다. 배추 허리께쯤을 동여매 주어야 했다. 활짝 펼치고 있는 넓은 잎을 쓸어 모아 끈으로 묶었다. 동실동실한 배추들이 줄맞추어 있는 게 보기에 좋았다. 이제 막 초등학교에 입학한 아이들이 줄지어 서 있는 것만 같았다. 이제부터 배추들은 속을 채워갈 것이었다. 하루하루 속잎 한 장부터 착실하게 채워갈 것이었다. 그리고 김장 때 배추를 두 쪽으로 쫙 쪼개보면 알 것이었다. 그 속에 깃든 시간과 정성과 나의 사랑이 무엇인지를 알게 될 것이었다.

김장때마다 속이 꽉 찬 배추를 안아들 때면 세상을 다 가진 것만 같은 풍족함의 기억을 떠올리며 문득 '속이 든다는 것'에 대하여 생각에 잠겼다. 그리고 이 가을에 나의 속은 무엇으로 채울 것인가 하는 생각을 하는데 산마루에 걸린 해가 나를 바라보고 있었다. 해는 하루 소임을 마치고 그 붉은 해덩이를 자랑이라도 하듯이 산마루에 턱 걸쳐 놓고 있었다.

가을 속으로

모든 산들이 수채화 물감을 머금고 있다. 하루가 다르게 차가워지는 공기는 푸른 산이 단풍으로 변하는 속도와 정비례하고 있다. 추수가 끝난 휑한 들 옆 가로수 밑에는 활짝 핀 코스모스가 바람결에 춤을 추고 있다. 어쩌면 가을 하늘에게 알 수 없는 그들만의 언어로 가을 편지를 써 보내고 깊은 물속같이 푸르른 저 하늘은 흰 구름으로 날마다 답장을 보내고 있는 것은 아닐까. 그런 저런 생각을 하며 한들거리는 코스모스와 뭉게구름을 보다가 어느 새 농장에 도착했다.

가장 먼저 감나무 밭을 둘러보았다. 푸르던 감들이 주황색으로 물들어가며 나날이 굵어지고 있었다. 감잎들은 아직도 윤기가 있고 단풍이 들지 않았다. 감들이 더욱 살이 차오를 수 있다는 의미이다. 올해는 제법 굵은 감들을 수확할 수 있다는 희망이다. 밭에 나가 산초와 구기자 오가피 열매들을 땄다. 대추나무에 남아 있는 대추들도 마저 수확을 마쳤다. 비록 양은 적었지만 일 년 농사의 결실임을 생각하니 한 톨 한 알들이 소중하여 열매를 달고 있는 나무들에게 수고했다고 말해 주었다. 폭우와 태풍을 잘 견뎌낸 결실이고 올해 처음 열매를 맺은 아직은 어린 나무들이기에 고마웠다.

짧은 가을 해가 서산으로 넘어가고 으슬으슬 한기가 몰려왔다. 남편은 나무토막들을 밑에 받치고 모닥불 피울 준비를 해놓았다. 저녁식사 후에 본격적으로 불을 피웠다. 불길이 일어나자 주위가 환해지고 기분 좋게 따스한 기운이 전해졌다. 나는 마른 고춧대를 한아름 가져다가 불에 던졌다. 금방 옮겨온 불속에서 고추대가 오글오글 빨갛게 타다가 잦아들었다. 올해 봄에 무농약 고추농사를 하겠다고 심었던 고추들이 붉어지기도 전에 탄저병이 쳐들어와 속수무책으로 전멸하다시피 했었다. 남들이 한창 붉은 고추를 딸 때 우리는 고춧대를 뽑아내고 그 자리에 김장거리를 심었었다.

다행히 무와 배추는 잘 자라고 있다. 고춧대가 타 들어가면서 매운 내음이 많이 났다. 콩 밭에 남아있던 빈 콩깍지를 가져다가 불에 넣었다. 불 속에서 따닥 따다닥 소리를 내며 타들어 갔다. 다음엔 들깨 털고 말려놓은 빈 대궁들을 불에 얹어 보았다. 바짝 마른 대궁이 타는데도 지지지 소리를 내며 고소한 냄새가 났다. 남편과 나는 곡식 종류마다 타는 소리와 냄새가 각각 다르다는 것을 알고 재미가 났다.

도라지 밭에 가서 지난번에 베어낸 대궁을 들고 왔다. 불에 얹어 타 들어가기 시작하자 한약재 냄새가 피어올랐다. 도라지꽃 향기와 비슷했다. 우리는 불 냄새를 맡으려고 킁킁 대며 놀이삼아 모닥불을 피우다가 마지막에는 낮에 베어 놓았던 풀을 잔뜩 올려놓았다. 하얀 연기가 구름처럼 피어나 검은 하늘로 춤추듯이 올라갔다. 불길은 사라지고, 연기만 하늘 높이 퍼져 갔다.

우리는 풀잎 타는 냄새를 맡으려고 연기 속을 들락거렸다. 풀잎 타는 냄새는 언제 맡아도 기분이 좋아진다. 고소함이나 맵싸함도 없지만 모두가 마음을 편안하게 해 주는 것이다. 우리는 이슬에 젖는 줄도 모른 채 연기를 피어내는 모닥불 옆에 앉아 손에 잡힐 듯이 가까이 떠있는 하늘의 별들과 함께 가을 속으로 젖어 들었다. 귀뚜라미는 부지런히 짝을 부르고 있었다.

지지대

감나무 가지마다 푸른 감들이 제법 굵어지고 있었다. 여린 감나무 가지들은 무게를 견디지 못하고 땅으로 처져 내렸다. 보고 있자니 나무들이 힘겨워 보였다. 남편과 함께 대나무를 가져다가 처져 있는 가지들을 받쳐주기로 했다. 대밭에서 대를 몇 개 베어왔다. 쓰기에 적당한 길이를 맞추어 잘라냈다. 굵은 대는 윗부분을 반으로 쪼개어 벌려서 단단히 묶었다. 그렇게 여러 개의 대나무를 준비한 다음 감나무 밭으로 갔다.

허리를 굽히고 나뭇가지 사이로 들어가 땅으로 내려앉은 가지들을 들어 올려 그 밑에 대나무를 받쳐주었다. 겨우 1미터 정도 올라갔지만 나무는 한결 수월해보였다. 한 그루씩 천천히 작업을 해가던 끝에 나무들이 매달고 있는 푸른 감이 인생의 무게처럼 와 닿았다. 적당하게 열매를 달고 있는 가지는 적당한 높이에서 하늘을 향해 뻗어있지만 지탱할 수 있는 무게보다 많은 열매가 달려있는 가지는 아래로 축 처져 있어 작은 바람에도 가지가 곧 꺾일 것만 같았다. 마치 삶의 무게를 이기지 못한 것만 같은 안타까운 모습을 연상하게 했다.

농장 아래쪽에는 마을 사람들의 고추밭 세상이었다. 그중에 Y아저씨네 밭이 있고, 아저씨는 병원에 입원 중이었다. 농사일에 있어 가장 손이 많이 필요한 시기에 아파서 입원을 했으니 답답할 노릇이었다. Y아저씨의 노모가 혼자서 그 밭을 가꾸고 있었다. 할머니의 체구는 작고 말랐다. 그래도 매일 밭에 나가 농약도 주고 고추도 따는데 허리를 곧게 펴는 때가 없었다. 어느 때는 고추를 따 놓고 그 자루들을 들어내지 못했다. 그럴 때마다 남편이 Y아저씨네 밭으로 달려가 고추 자루들을 모두 들어내어 차 트렁크에 실어 할머니 집으로 날라다 드렸다.

할머니는 여러 자식을 두었는데 다른 자식들은 모두 도시로 나가 살고, 아픈 아들과 살고 있었다. 봄에는 산나물을 뜯어다 시장에 내다 팔고, 비닐하우스 품삯 일도 했다. 쉬는 틈만 있으면 밭일도 부지런히 해서 곡식을 잘 키워냈다. 작고 늙은 몸으로 쉬지 않고 억척스럽게 일을 하는 것은 아픈 아들을 위해서였다. 할머니는 아픈 아들을 지지대처럼 의지하며 살고, 아픈 아들은 늙은 노모를 지지대로 의지하고 살고 있었다.

열매를 많이 달고 있는 감나무들을 올려다보았다. 감나무의 여린 가지들마다 푸른 감들이 서로서로 몸을 붙이고 있다. 우리들 삶의 무게도 감나무마다 열린 열매의 무게처럼 각자 다를 것이었다. 무거운 삶의 여정에서 지지대의 역할을 해주는 것은 무엇일까? 피천득의 「인연」 중에 "우리가 제한된 생리적 수명을 가지고 오래 살고 부유하게 사는 방법은 아름다운 인연을 많이 맺으며 나날이 적고 착한 일을 하고 때로 살아온 과거를 다시 사는데 있는가 한다."는 말을 생각했다.

이제야 피천득 선생의 글이 의미 있게 다가오는 것은 내 삶의 무게를 느끼기 때문일 것이다. 그렇다면 내 인생의 지지대는 무엇일까? 나를 버티게 해주는 것들을 헤아리면서 하늘을 올려다보았다. 회색빛 저녁하늘 동쪽에 맑게 떠오르는 별들이 차츰 자기 존재를 드러내기 시작했다. 별들은 이제 점점 어두워진 밤일수록 더욱 제 빛을 낼 것이었다. 어둠은 별의 존재를 밝혀주듯이 할머니의 아픈 아들은 할머니가 살아가는 존재의 이유를 말해주고 있다는 생각 속에 왠지 가슴이 더워지기 시작했다. 우리 감나무 가지도 대나무 지지대에 의지하여 차츰 힘을 얻어 제 존재를 나타낼 것이다.

끝없는 도전

부산에서 경남 의령을 오가면서 천여 평 농장에 온갖 과수를 심고 가꾸기를 5년째 되던 해였다. 농사에 대하여 아무것도 모른 채 넘치는 의욕만 믿고 시작한 주말농장이었다. 컨테이너 하나와 농기구 보관할 창고 하나 짓고 주위로는 꽃나무들을 갖가지로 심었다. 4년째부터 과수나무 열매들이 열리기 시작했다. 꽃밭에는 꽃들이 계절 따라 피고지면서 제법 자리가 잡혀갔다. 이런저런 시행착오를 수 없이 겪은 과수 농사도 어느 정도 자신감이 생겨났을 때였다.

남편이 또 농장 근처 산자락에 4백 평 밭을 매입했다. 나는 땅을 늘리면 일거리만 늘어나는 거라며 반대를 했지만 친환경 농법으로 해보고 싶은 게 있다며 기어이 장만하고야 말았다. 나중에 후회가 되는 것은 그때 적극적으로 남편을 따라다니면서 반대를 했어야 했다.

바람도 없이 따스한 날이 이어지는 겨울이었다. 1월, 주말에 남편과 나는 지적도가 그려진 종이를 들고 산을 오르기 시작했다. 겨울이라 마른 잎들이 푹신하게 깔린 숲을 지나자 부드러운 금잔디가 덥혀 있는 산소 여러 기가 나왔다. 그 옆으로 산 짐승들이 다닌 것 같은 희미한 길을 따라 계속 올라갔다. 돌들이 깔린 오르막을 오를 때는 숨이 찼지만 크고 작은 돌에 발이 휘청거려 위험하기도 했다.

산을 오르면서 남편은 몇 번이나 "이렇게 높은 데가 아닌데"라고 하며 고개를 갸웃거렸다. 도면을 보며 길 없는 산길을 그렇게 더듬어 가다가 나무 하나 없는 넓은 밭이 나왔다. 말이 밭이지 오랜 기간 사람의 손이 닿지 않은 묵정밭이었다. 군데군데 가시덤불이 능을 이루었고 약간은 경사가 져 있었다. 발밑은 마른 잎들이 켜켜이 쌓여 있었다. 천여 평이 넘는 네모반듯한 밭을 아래위 둘로 나누어 외지 사람들이 십여 년 전부터 소유했던 땅이라고 했다.

우리가 매입한 땅은 위쪽이었다. 맨 위쪽에 소나무들이 서 있는 밑에 장정들 키를 넘는 산딸기나무가 군락을 이루고 있었다. 남편은 핸드폰으로 사진을 찍고 줄자로 길이를 재며 그림을 그리고 메모를 하는 등 바쁘게 마른 덤불을 헤집고 왔다 갔다 하느라 바빴다. 나는 주위를 둘러보았다. 멀리 마을이 내려다보였다. 양지바르고 전망 좋은 것 하나는 그저 그만이었다. 반대로 산 중턱에 있는 것이 문제였다. 찔레 덤불 옆으로 억새가 누워 있었다. 산 짐승들이 다닌 흔적일 것이었다. 군데군데 토끼 똥처럼 보인 것도 있었다. 아마도 고라니 똥일 것 같았다.

그 산에는 고라니들이 많이 살고 있었다. 우리가 처음 농장을 개척했을 때 낮에 일을 하고 밤에 고단하게 자던 중 산짐승들의 울부짖는 소리에 깨어 놀라며 무서워서 잠을 설칠 때가 한두 번이 아니었다. 다음날 동네 주민들에게 말을 했더니 고라니 소리라고 했다. 소리는 요란해도 사람을 해롭게는 하지 않는다고 했다. 녀석들이 어떤 때는 낮에 밭에까지 내려와 어슬렁거리다가 우리가 다가가면 놀란 듯 후다닥 도망가기도 했다. 녀석들이 뛰는 소리에 우리는 깜짝깜짝 놀라면서 고라니를 알아갔다.

남편은 이리저리 다니며 땅을 살펴보고는 내일 연장을 챙겨서 다시 오자고 하며 앞서서 내려가기 시작했다. 올라올 때보다 내려가는 길은 훨씬 쉬웠다. 다음날 남편은 예초기와 낫과 톱 그리고 전지가위 등을 챙겼다. 나는 물과 간식거리를 가방에 챙겨 넣고 다시 산을 올랐다. 겨울 해는 짧은 탓에 해가 뜨자마자 준비를 했다. 두 번째 길이라 한결 수월했다. 남편은 예초기로 찔레 덤불들과 산딸기나무를 제거하고, 나는 땅바닥에 얼기설기 뻗어있는 칡 줄기들을 걷어냈다. 예초기 소리에 새들도 도망을 가고 마른 잎들에 붙어 있던 낯선 날벌레들이 쓰러진 덤불사이를 허둥지둥 날았다.

지금까지 아무 일 없이 저희들 세상으로 살다가 갑자기 보금자리였던 풀들이 사방에서 쓰러지고 벌레들은 튀어 오르기도 하고 빙빙 돌다가 풀 섶으로 떨어지기도 하는 모습을 보자 미안한 마음이 들었다. 하루아침에 날아드는 비보로 삶을 잃어버리고 허둥대는 일들이 우리 인간들의 삶에도 얼마든지 일어나듯이 산속 생물들 역시 순간에 벌어지는 사건 앞에서 죽을 힘을 다해 피난처를 찾는 것이었다.

한참을 앵앵거리며 돌아가던 예초기 소리가 나지 않았다. 온 얼굴이 땀범벅이 된 남편이 예초기에 기름이 떨어졌다며 기름 놓아둔 곳으로 갔다. 나도 목이 마르던 터라 따라갔다. 물을 마시고 예초기에 기름을 채운 남편은 다시 작업을 시작했다. 나는 천천히 뒤따라 다니며 칡 줄기를 거둬냈다. 그런 식으로 그해 겨울 십여 번을 오르내리며 산을 밭으로 만들어 갔다. 칡이 굵은 곳에는 멧돼지가 땅속까지 흙을 파내고 굵은 칡뿌리를 먹은 곳도 몇 군데 있었다. 그런 곳은 영락없는 방공호 같았다. 남편은 삽으로 흙을 파다가 구덩이를 메웠다.

새봄이 오자 남편은 겨우내 손질해 둔 산 밭에 꾸지뽕나무 50여 그루를 심었다. 경사가 덜한 아래쪽부터 중간까지 드물게 줄을 맞춰 심고 물을 주었다. 남편의 설명에 의하면 꾸지뽕나무는 산에 심어 놓으면 스스로 잘 자라고 4,5년이 지나면 빨갛고 달콤한 열매가 열리는데 암과 당뇨예방에 약효가 좋다고 했다. 그러나 나는 일거리가 늘어나는 탓에 달갑지 않았다.

위쪽으로 백여 평은 봄이 되자 머위 밭으로 변했다. 이미 머위 밭으로 형성되어 있었다. 새순들이 올라와 나물 밭을 이루고 있어 갈 때마다 나물을 수확해 올 수 있었다. 밭 가장자리 쪽으로 모과나무와 밤나무가 몇 그루 서 있는 것으로 봐, 옛날에 농사짓던 분들이 심었으리라는 짐작을 할 수 있었다. 남편은 맨 아래쪽에는 고사리를 심어야겠다고 하더니 어느 날 '지리산 먹고사리'라며 자루에 담긴 뿌리들을 몇 자루 가져왔다. 그동안 봄이 되면 이것저것 심어 봤지만 고사리 뿌리를 이고 산에 가서 심게 될 줄은 정녕 상상조차 하지 못했다. 그렇게 산밭은 고사리, 꾸지뽕나무, 머위가 자리 잡았고 우리는 그만큼 농장에 가는 시간이 늘어났다.

봄이 가고 여름이 시작되었다. 기존 농장에서 급한 일을 끝낸 남편은 오후가 되면 산밭에 가 보자고 했다. 그동안 몇 차례나 산밭을 올랐었다. 나무들이 새순이 나오자 고라니들이 뜯어 먹는 탓에 나무마다 기둥을 박고 그물망을 쳤다. 밭 가장자리에는 굵은 말뚝을 박고 그물망을 둘러 쳐, 멧돼지와 고라니가 들어오지 못하도록 만들었다.

초여름 오후에 산을 오르는 일은 힘들었다. 땀이 흘러내리고 오전 일에 지친 상태라 슬슬 짜증이 났다. 밭에 도착하여 물을 마시며 잠시 쉬었다. 마침 바람이 불어와 시원해졌고 나는 나무들을 살펴보기로 하고 남편은 그물망이 온전한지 보러 갔다. 내가 몇 그루 나무를 살펴보면서 나무 밑에 풀을 낫으로 쳐내고 있었다.

그런데 위쪽으로 올라갔던 남편이 어두운 얼굴로 내려왔다. 외부 그물망이 군데군데 망가졌다고 했다. 멧돼지들이 왕래한 흔적이 있다며 그물망을 손본다고 했다. 나는 계속해서 나무 밑에 풀들을 제거하며 나무들을 살피다가 새순이 올라

온 여린 잎들에 새까만 진딧물들이 빼곡하게 붙어 있는 것을 발견했다. 주변에 몇 그루의 나무들이 같은 현상이었다. 높은 데 있는 새순에 붙은 진딧물은 아예 가지를 잘라냈다. 이게 그냥 두어도 되는 건지 아니면 약을 주어야 하는지 알 수 없었다.

처음에 남편은 그냥 심어 놓으면 저절로 자라서 열매를 맺는다고 했었다. 그러나 이렇게 진딧물이 많으면 무슨 수로 어린나무가 살아날 수 있을까 싶었다. 진딧물이 있는 나무에는 개미들이 오르락내리락 했다. 개미들은 진딧물과 공생관계에 있다는 것을 과수를 키우면서 알게 되었다. 남편도 나무의 상태를 보고는 난감해했다. 약을 주려 해도 약도 없지만 약을 탈 물도 없었다. 결국 다음날 다시 오기로 했다.

나는 짜증이 나 "자연적으로 큰다면서 심은 나무가 아니냐. 일일이 약주고 키울 거 면 왜 심어가지고 이 고생을 하느냐"며 화를 냈다. 남편은 아무 말도 하지 않고 나무들을 살피더니 진딧물이 붙어 있는 새순을 일일이 잘라냈다. 자른 가지들은 발로 싹싹 밟아버렸다. 나도 따라서 그대로 했다. 다른 뾰족한 수가 없었다.

산밭에 갔다 온 뒤로 남편은 우울해 보였다. 아무래도 꾸지뽕나무가 걱정이 되는 모양이었다. 일주일이 지난 후 우리는 다시 산밭으로 갔다. 그동안 비도 많이 내렸다. 무엇보다 진딧물이 어찌 되었는지 궁금했었다. 다행히 나무들은 잘 자라고 있었다. 빗물에 씻겼는지 나뭇잎들이 반질반질 윤기가 흘렀다. 남편은 활짝 웃으며 온 김에 나무 옆에 풀이나 베어 주자고 했다.

그렇게 어렵사리 가꾼 것이 어느덧 삼년이 지나고 지난해 가을이었다. 추석이 지난 후 주말에 산밭에 갔다. 그런데 올라가는 쪽 망들이 칼로 베인 듯이 찢어져 있고 첫 열매가 열려있던 게 보이지 않았다. 몇몇 나무에 열매가 달려 있는 것을 기특하고 고마워하면서 차마 따지 못한 채 아끼던 것이었다. 생각해보니 사람 짓이었다. 산소에 벌초하러 왔던 사람들의 소행으로 짐작되었다. 고생했던 걸 생각하자 왈칵 눈물이 솟구쳐 올랐다.

고민하던 남편은 그물망을 고쳐놓고 아무래도 글을 써서 붙여야겠다고 했다. 척 보면, 주인이 가꾸는 밭이라는 것을 알 수 있는 데, 심지어 쳐놓은 그물망을 함부로 잘라내고 남의 것을 훔쳐간 것은 이해할 수 없었다. 남편은 볼멘소리로 그들을 원망하면서 꾸지뽕 맛도 보지 못하게 된 것을 아쉬워했다. 그다음 주말에 새 그물망을 사가지고 갔다. 끊어진 그물 양옆을 모두 걷어내고 새로 사온 그물을 세우고 코팅까지 한 종이에 "이곳은 주인이 땀 흘리며 정성 들여 약초를 가꾸는 밭입니다."라고 쓴 팻말을 군데군데 세워놓고 내려왔다.

겨울이 지나고 날이 풀리자 남편은 밭일을 마치면 혼자 산밭을 다녀왔다. 불만에 가득 찬 나를 그냥 두고 혼자 올라가 나무 가지치기를 했다. 나는 그 후 나무에 물이 오르고 새잎들이 활짝 핀 사월 말경에야 남편을 따라 산밭에 갔다. 풀도 베어내고 칡순을 걷어내기 위해서였다. 오랜만에 비탈길을 올라 밭에 도착해보니 탄성이 절로 나왔다. 나무들이 단정한 모습으로 푸른 잎들을 반짝이며 서 있는 모습이 마치 사열하는 늠름한 군인들 같았다. 남편이 지난 4년간 산이나 다름없는 비탈진 밭에 바친 땀과 정성이 머릿속을 스쳐갔다. 나무들의 키가 나보다 커서 맨 꼭대기에 있는 칡 줄기를 제거해야 할 때는 아래에 있는 줄기들을 잡아 당겨야했다. 나무마다 동글동글한 초록의 열매들이 촘촘히 달려있었다.

올해부터는 제대로 수확을 할 수 있을 것 같았다. "땅은 절대로 거짓말을 하지 않는다."고 하신 아버지 말씀이 생각났다. 나무들 위쪽으로는 머위 군락지인 초록바다가 펼쳐져 있고 맨 아래에는 수많은 고사리들이 돋아나 있었다. 고사리들은 풀들과 경쟁이라도 하는 것처럼 키가 일 미터가 넘었다.

내년부터는 이른 봄부터 고사리 꺾으러 다녀야 할 것 같다. 이게 다 남편의 부지런하고 모험적인 욕망 탓이다. 남편은 고등학교 교장으로 학교 일만해도 바쁘면서도 자연에 반 목숨 내주고 살아가는 사람이다. 이제는 그의 생각을 적극 밀어주어야 할 것 같다. 올가을에는 자연산 꾸지뽕을 실컷 먹을 수 있겠다는 달콤한 생각 때문에 슬그머니 웃음이 나왔다.

추억이 그리운 탓이다

그곳은 주말이 되면 시끌벅적하다. 가운데 위치한 중리 집에 딸들이 자녀들을 데리고 주말마다 오기 때문만은 아니다. 불과 6,7년 전 만 해도 그곳에는 미정이네와 우리 집뿐이었다. 두 집은 작은 개울을 사이에 두고 있었다. 미정이네는 시부모님 때부터 그곳에 살았던 집이다. 시부모님은 다 돌아가셨고 지금은 제사만 그곳에서 지낸다. 마산에 사는 미정이네는 칠 남매 중 막내이다. 형님들이 멀리 살고 있어서, 자주 내려오지 못해 제사 지내는 일을 도맡아 하고 있다. 텃밭에 농사일도 주말에 와서 틈틈이 한다.

두 내외가 부지런하고 친절하여 초보 농사일을 하는 우리에게 조언도 많이 해주었다. 부산에서 농사를 지으러 의령을 오가는 우리 부부는 천여 평 밭에 각종 과일나무를 심고 한옆으로 열 평 남짓한 공간에는 고추와 오이 등 채소를 심었다. 김장 배추와 무도 직접 가꾸어 김치를 담가 먹는다. 우리가 쉬는 공간은 컨테이너를 설치했다. 그리고 농기구 들여놓을 창고도 만들었다.

우리는 남편 학교 근무 때문에 금요일 오후나 토요일 새벽에 출발해 농장에 갔다가 일요일 오후 늦게까지 일을 하고 부산 집으로 온다. 일하는 틈틈이 서로 시간이 맞으면 잠시 쉬면서 한 주간 지낸 이야기와 농사일에 대한 대화를 나누곤 했다. 밤이면 고라니들의 울음소리와 숲에서 들려오는 소쩍새 소리를 자장가 삼아 잠을 자고, 새벽이면 저수지 수면 위에 물안개 피는 것을 보려고 일찍 일어나 산책을 나가는 재미가 있었다.

그리고 두 집 가운데 어쩌다 한 집이 농장에 오지 않을 때는 종일 심심하게 일만하다가 집으로 돌아오기도 했다. 그렇게 두 집이 오붓하게 지냈다. 그런데 언제부턴가 주말마다 근처에 땅을 보러오는 사람들이 자주 눈에 띄기 시작했다. 누구 집에 논이 얼마에 매매 되었다더라. 또는 어디에 있는 누구네

밭이 팔렸다고 하더라는 소식이 바쁘게 들려왔다.

그러던 어느 날 미정이네 집 앞에 있는 밭이 팔렸다고 했다. 미정이네가 살까말까 망설이는 중이었는데 생각보다 높은 금액에 거래가 성사 되었다는 것이다. 그리고 땅을 산 사람들이 거기에 컨테이너를 놓을 거라고 했다. 그로부터 2주가 지난 후에 다시 미정이네 집 옆에 있는 밭이 팔렸다는 소문이 났다. 거기에도 임시로 컨테이너가 들어온다고 했다. 그렇게 시작해서 2,3년 사이에 여섯 집이나 들어왔다. 모두들 컨테이너를 놓고 주말에만 오는 것이었다.

요즘은 시골에 땅을 사놓고 과일나무와 채소를 손수 심어 가꾸는 것이 유행이 되었다. 도시에 살아도 가까운 시골에 텃밭을 마련하여 틈틈이 다니기도 하고 귀촌을 하여 시골살이를 하기도 한다. 적극적인 사람들은 한 걸음 더 나아가 귀농으로 직업을 바꾸기도 한다. 베이비붐 세대들인 50대 60대 대다수 사람들이 어렸을 때 시골에서 성장했던 향수를 그리며 은퇴 후에 고향으로 돌아가거나 여유가 있는 사람들은 가까운 시골에 세컨하우스를 장만하여 도시와 시골을 왔다 갔다 하면서 살기도 한다.

우리도 그중 하나라고 할 수 있다. 남편은 여러 가지 기술을 가지고 있어서 사는데 필요한 것은 대부분 직접 만들어 사용한다. 평생을 교직에 몸담고 있는 남편은 은퇴 후에는 과수를 가꾸며 살아 보기를 원했다. 그리고 우연한 기회에 지인의 소개로 은퇴하기 십년 전에 경남 의령에 천여 평 밭을 장만하게 되었다.

그러나 그것이 무모한 용기였다는 것을 실감하는 데는 많은 시간이 걸리지 않았다. 우리가 매입한 밭 중에 한 곳에는 십년이 넘은 대봉감 나무들이 단감나무와 섞여 심어져 있었다. 길옆의 밭둑에는 이십 년 넘은 대봉감 나무들이 줄지어 있었다. 그 고장 특산물이 대봉감이었고 작목반들이 활성화되어 군에서도 지원을 많이 받는다고 했다.

우리는 나머지 밭에 대봉감 나무를 비롯하여 여러 가지 나무를 심어 나갔다. 매년 봄이 되면 과수와 약초나무는 최고의 종자를 심으려고 노력했다. 컨테이너 주변과 창고 옆으로 마당을 만들고 잔디를 심었다. 햇볕 좋고 바람 좋은 산속에서 해마다 된장과 간장을 담았고, 자연스럽게 장독이 줄지어 자리를 잡게 되었다. 장독대 주변으로는 꽃밭을 만들었다.

우리는 처음 이삼년간은 심는 데만 열중 했다. 무엇이든 심고 거름만 주면 저절로 잘 자라는 줄 알았다. 그러나 해가 갈수록 과수들이 열매를 맺어 먹을 수 있는 과일이 되기까지 이루 헤아릴 수 없이 피땀을 흘려야 한다는 것을 뼈 속까지 깨달아가기 시작했다. 과수뿐만 아니라 화초 한 포기도 꽃을 피우기 위해 화초 스스로 피나는 노력을 한다는 것도 알게 되었다.

그렇게 자연의 위대함을 느끼며 가을에 수확을 하여 천신제를 지낸 옛 조상들의 마음을 알 것 같았다. 초록의 잔디를 보기 위해서는 땡볕을 마다하지 않고 수시로 잡초들을 뽑아내야 한다는 것도 알았다. 세상에 공짜로 이루어지는 것은 단 하나도 없었다. 농사에 대하여 무지한 백지 상태에서 이것저것 종류대로 심어 놓은 나무들은 죽어버리는 것도 많았다. 남편은 그 자리에 다른 나무를 심었다. 해가 갈수록 나무는 많아지고 우리의 손길은 쉴 새 없이 바쁘기만 했다.

그 세계로 새로 들어온 사람들은 우리 농장을 둘러보고 싶다고 했다. 그리고 둘러보는 사람들마다 이구동성으로 "부산에서 주말에만 다니면서 어떻게 빈틈없이 잘 해 놓았느냐"고 감탄했다. 남편은 그들이 우리처럼 시행착오를 겪지 않기를 바라는 마음으로 나무는 어떤 것을 심어야 하며, 어떻게 가꾸어야 하는지, 꽃나무 역시 마찬가지로 그동안 겪은 경험을 빠짐없이 설명해 주었다.

사람들이 들어오자 주말에 농장에 가면 시끌벅적 해지면서 사람이 사는 것 같았다. 제법 마을이 형성되어 재미가 있었다. 밤이면 집집마다 농장에 켜놓은 외등 때문에 환해서 좋았다. 그믐밤에도 개울가 다리에 모여 앉아 함께 이야기꽃을 피우며 놀았다. 우리는 모였다하면, 요즘에는 무슨 일을 해야 하는지, 어떻게 해야 병해충을 막을 수 있는지에 대하여 서로 생각을 나누었다. 될 수 있으면 농약을 치지 않고 가꿀 수 있는 방법에 모두 관심이 많았다. 최소한의 농약으로 건강한 먹거리를 얻기 위해 그런 고생을 하는 것이었다.

자연을 사랑하는 마음은 모두 똑같았다. 마을 주변은 꽃들이 늘어났고 길옆에도 꽃이 피어 꽃길이 예쁘게 형성되었다. 산 쪽 밭들이 매매가 이루어지기 시작하면서 새 집들이 늘어났다. 퇴직하고 귀촌하는 사람들이 들어와 살기 시작한 것이었다. 마을에는 가구 수가 늘어나자 활기가 돌고 마을 어르신들도 무척 좋아하셨다.

이장님이 주말마다 농사지으러 다니는 우리 마을까지 합하면 가구 수가 이십여 호가 늘었다고 했다. 다시 해가 바뀌면서 우리 마을에도 퇴직하는 사람들이 늘어갔다. 그리고 황토방을 만든 집이 세 집이나 생겼다. 우리 집도 올(2019) 봄에 남편이 정년퇴직을 했으므로, 평일에도 농장에 갈 수가 있다. 그런데 평일에 가게 되자 주말에 오는 사람들을 만날 수가 없었다. 우리는 그들을 만나고 싶어 늘 해오던 대로 다시 주말에 다니기로 했다. 그곳에 가면 마음도 몸도 언제나 힐링이 된다. 자연이 좋아서도 그렇지만 모인 사람들이 좋아서 그렇다.

유월의 일기

새벽부터 서둘러 반찬과 작업복, 그리고 간식거리 빵과 음료수 물을 챙겨서 한 시간여를 달려 농장에 도착했다. 6월 초순의 밭에는 보리가 통통 여물어 황금빛으로 일렁이고 양파는 서슬 푸르던 잎들이 힘없이 옆으로 누워 수확을 기다리고 마늘도 영글어 잎들이 누렇게 말라 들어가고 있었다. 매실나무에는 초록의 매실들이 결실을 위한 마지막 힘을 올리는 중이다. 6월 중순이 되면 매실 수확을 해야 한다. 못자리에 모들도 연초록으로 제법 한 뼘씩 자라있었다.

드디어 산에서는 뻐꾸기가 울고 있다. 뻐꾸기 소리를 듣고 있으면 유월의 한낮이 무료해지는 느낌이 드는 것은 무얼까? 바쁘게 일을 하다가도 뻐꾸기 소리가 들리면 마치 지금 하고 있는 일들이 꿈속인 것 같은 착각을 하게 된다. 나는 잠시 커피 한 잔을 마시며 뻐꾸기 소리에 빠져들었다.

오늘 할 일을 나누겠다는 남편의 목소리에 나는 몽상에서 깨어났다. 남편은 예초기로 풀베기 작업을 하고 나는 올해 처음 열매를 달고 있는 나무들의 열매를 따내는 작업이었다. 첫 열매를 맺은 나무들은 대부분 올해로 4년에서 5년 된 대봉감 나무들이었다. 동네 어르신들이 첫해 열매는 크기 전에 따버리라고 하셨다. 그래야 나무가 튼튼하게 자라고 이듬해 과실이 좋다는 것이다. 우리는 꽃이 피었을 때부터 보이는 대로 따냈는데도 어느새 큰 감은 탁구공만하게 자라있었다.

나는 모자를 쓰고 자외선 차단 마스크에 장화를 신고 장갑까지 완전무장을 하고 밭으로 들어갔다. 천여 평 되는 밭에는 대부분 대봉감 나무를 4미터 간격으로 심었지만 매실, 사과, 대추, 살구, 앵두, 자두 등 과실나무와 오가피, 헛개, 구기자, 오미자 등의 약초나무는 언덕이며 밭둑까지 줄지어 서 있다. 이제 처음 열매를 맺고 있는 앵두와 자두 매실은 그냥 두고 감나무에 맺히고 있는 감들을 따내기 시작했다. 반지르르 윤기가 흐르는 감 잎사귀 밑에 숨어 있는 어린 감들을 일일이 따내는 작업은 시간이 많이 걸렸다. 잘 자란 감나무는 2미터가 넘는 것도 있지만 대부분이 1.5미터 안팎 정도의 크기들이다. 허리를 구부려 밑에서 올려다보며 해야 하는 작업이라 힘이 들었다. 열매들을 모두 다 따지는 않았다. 한 나무에 서너 개의 감들을 남겨놓아야 맛이 어떤 감인지 알 수 있을 것 같아서였다.

밭 끄트머리에 왔을 때였다. 약 50센티쯤 되는 아주 키 작은 감나무에 감이 잔뜩 달려 있었다. 작은 감들이 주렁주렁 달린 나무는 가지마다 축 처져 있어 곧 가지가 찢어질 것만 같았다. 나는 그 앞에 쪼그리고 앉아 "이놈아 너는 키부터 커야지 어쩌자고 열매를 이렇게도 많이 달고 있냐?"하고 말했다. 가지가 축 처져 있는 것을 보니 안타까운 마음이 들었다. 나무는 죽을 때가 되면 갑자기 열매를 많이 맺는다던데 이 녀석도 '그런 걸까'하는 걱정이 되었다.

소나무가 솔방울을 많이 달고 있으면 저 나무 죽으려나 보다 하시던 할아버지 말씀이 생각났다. 자연의 법칙은 어김이 없다. 키가 작든 크든 세월이 흘러 열매 맺을 나이가 되면 꽃도 피고 열매도 열리는 것이다. 그래서 옛 어른들이 사람은 거짓을 말해도 자연은 절대 속임이 없다고 하셨다. 주위를 둘러보니 키 작은 나무가 서 있는 위치는 물고랑과 가까워서 물을 싫어하는 감나무가 자라기에는 부적합해 보였다.

한 그루의 나무도 터를 잘 잡아야 제대로 자랄 수 있는데 사람은 더 말해 무엇 하겠는가. 풍수지리적인 위치의 터도 중요하다. 그리고 사람의 마음 밭이 어디에 자리를 잡고 어떤 희망나무를 가꾸어 가는지는 더욱 중요하다고 생각한다. 책을 좋아하는 나는 문학의 밭에 자리를 잡았다. 마음 밭이 윤택해지기를 바라며 틈나는 대로 책을 읽는다. 생각이 잡히는 대로 글도 쓴다. 물론 쉬운 일은 아니다. 글을 쓴다는 것은 온 정신을 집중해야 한다. 그럴 때는 시간이 멈춘 듯하다. 밤이 하얗게 지나가는 것도 모를 때가 있다.

내가 평소 존경하는 소설가 선생님은 한창 작품을 쓸 때는 계절이 바뀌는 것도 모른다고 했다. 창작은 힘들어도 성취감은 특별하다. 그렇지만 작품을 완성했다는 성취감은 있어도 만족도에 있어서 항상 아쉬움이 남는다. 그 아쉬움은 발전을 위한 디딤돌이라고 생각한다. 나무들의 첫 열매를 따내어 버리듯이 아기들이 말을 배울 때 옹알이로 시작하듯이 내가 쓰는 작품들이 아직은 설익어 볼품이 없는 것들이지만 언젠가는 성취감을 맛 볼 수 있는 작품을 창작해 내리라는 희망을 품고 있다.

열매를 다 따낸 키 작은 감나무는 양팔을 하늘로 높이 치켜

들었다. 때마침 불어오는 바람에 푸른 잎들이 기분 좋은 춤을 추고 있다. 내년 봄이 오면 배수가 잘되는 좋은 자리를 잡아 옮겨 줘야겠다. 남편이 땀에 흠뻑 젖은 상태로 시원한 물이라도 먹고 하자며 쉬기를 제안했다. 마침 나도 쉬고 싶은 터였다. 무거운 짐을 내려놓듯이 열매를 내려놓은 감나무들이 가벼워진 가지를 기분 좋게 흔드는 것을 바라보며 우리 부부는 꿀맛보다 더 단 생수를 꿀떡꿀떡 마신다.

국화 옆에서

푸르고 맑은 가을 하늘에 화답이라도 하는 듯 농장 마당 한쪽을 차지한 노란 국화꽃들이 꽃망울을 터트리기 시작했다. 옆에 서 있기만 해도 꽃향기가 홍수처럼 물결친다. 서정주 시인이 '국화 옆에서'에서 삶의 시련을 노래한 것처럼 국화는 이 찬란한 국화꽃을 피우기 위해 몹시도 어려운 시련과 연단을 거쳐야 했다.

지난봄이었다. 남편이 파릇파릇한 작은 화분을 여러 개 사들였다. 어린 국화 화분이었다. 국화꽃을 예쁘게 키워 볼 생각이라며 작업복으로 갈아입은 남편이 삽과 화분들을 챙겨

들고 마당으로 나갔다. 하나 둘씩 푸른 생명들이 자리를 차지하니 마당은 생기가 넘치는 것 같았다.

두어 달이 지나고 제법 어우러져 보기가 좋았다. 그러던 어느 날 밭에 풀이 많다며 걱정하던 남편이 예초기를 들고 풀을 베기 시작했다. 과수에 준 거름을 양식 삼아 잘도 자라는 풀들은 예초기 칼날에 착착 눕혀졌다. 순식간에 나무 밑은 초록 카펫이 깔렸다. 예초기는 쉬지 않고 돌아갔다.

그리고 한참 후에 남편이 예초기를 내려놓고 돌아왔다. 간식을 먹으며 쉬는 사이에 나는 일이 얼마나 진행 되어 가는지 보려고 밭을 둘러보러 갔다. 마당 쪽으로 눈길을 돌린 나는 비명을 지를 뻔했다. 국화들이 모조리 목이 잘려 있고 잘린 잔해가 주위에 어지럽게 흩어져있었다. 그동안 많이 자라있어 제법 어울려 보기가 좋았는데, 속이 상했다. 물을 마시고 있는 남편에게 “국화를 왜 저 모양으로 만들었느냐”고 항의했다. 그랬더니 남편은 “국화는 그렇게 잘라줘야 꽃송이가 많아진다.”고 했다. 나는 놀란 가슴을 진정하고 잘린 국화 잔해들을 치웠다. 가까이 가서 보니 남아있는 줄기들도 상처가 있는 것들이 많았다. 아무래도 예초기로 한꺼번에 자르는 것은 아닌 것 같았다.

그 후 2주쯤 지난 뒤 잘린 가지 끝마다 두세 개씩 새로 여린 줄기들이 돋아나 있었다. 그 반가움, 가슴이 뛰도록 반가움을 이루 말로 다할 수 없었다. 가뭄이 길어지면서 농장에 갈 때마다 국화가 있는 꽃밭에 물을 주었다. 나는 국화 새순이 잘 자라기를 바라며 가끔씩 남편 몰래 요소 비료를 물에 녹여 주기도 했다. 새순을 올리느라 얼마나 힘이 들까, 하는 안타까운 마음에 영양제라도 주고 싶은 마음이었다. 날씨가 더워지고 풀들은 하루가 다르게 잘도 자랐다. 국화의 새순도 푸른 잎들이 무성하고 키가 훌쩍 커졌다. 이제는 여린 모습은 없고 건장한 청년의 모습이 되었다. 나는 과연 가을에는 어떤 색의 예쁜 꽃들이 피어날까 기대를 하면서 갈 때마다 정성들여 물을 충분히 주었다.

매미가 밤낮 없이 울어대는 8월 초순이었다. 남들은 여름 휴가를 즐기려고 산으로 바다로 섬으로 해외로까지 떠나는데 남편은 휴가기간에 밀린 일들을 해야 한다며 농장으로 갔다. 한낮에는 더위에 일을 못한 탓에 새벽시간과 저녁시간에 일을 했다. 그날도 오후 4시가 넘어 산에서 서늘한 기운이 스민 바람이 불어왔다. 책을 보면서 느긋하게 쉬고 있는데, 매실나무 도장지를 잘라주라는 작업 명령을 내렸다. 그리고 남편은 감 밭에 풀을 베러 간다며 예초기를 메고 나갔다. 더위가 한 풀 꺾인 오후에 그렇게 각자 일을 하고 들어왔다. 땀에 흠뻑 젖은 작업복을 벗고 시원한 물에 샤워를 했다. 땀 흘려 일을 하고 난 뒤의 개운함이 기분 좋게 느껴졌다. 긴 여름해가 서쪽하늘 끝에 걸리고 하늘은 붉게 물들어가고 있었다.

그때였다. 마당 한쪽을 바라보던 나는 소스라치게 놀랐다. 이번에도 마당 한쪽이 잘려나간 국화잎들로 어지럽게 널려 있었고 국화들은 반 토막으로 잘려 보기에 흉했다. 봄에 목이 잘린 것이 안쓰러워 정성 들여 거름과 물을 주어가며 키웠는데 어떻게 이렇게 만들어 버릴까 야속한 생각에 남편에게 달려갔다. 항의하는 나에게 남편은 "국화는 움을 두 번 쳐주어야 한대."라고 퉁명스럽게 말했다. 전지가위로 깔끔하게 자른 것도 아니고 예초기로 상순을 날려 버렸으니 가지가 찢어진 것도 있고 꺾여 있는 것들도 있었다. 전지가위로 다듬어 놓고 속이 상해 눈물이 날 지경이었다. '어디 가을에 보자' 하면서도 한창 탐스럽게 자라던 모습이 눈에 자꾸 어른거렸다.

9월이 지나고 추석을 전후로 열흘의 긴 연휴가 시작되었다. 우리는 추석 다음날 3박 4일 일정으로 농장으로 갔다. 풀들은 여전히 무성하게 자라 있고 여름에 매혹적인 향기로 피로를 잊게 해주던 백합꽃들은 다 떨어지고 없었다. 대신 메리골드가 피기 시작했다.

아, 그리고 국화! 마당 한 쪽을 차지하고 있는 국화가 커다란 꽃바구니처럼 소담한 폼으로 노란 꽃송이를 잔뜩 피워 놓고 있었다. 여름에 상순이 잘렸던 처량한 모습은 간데없고 푸른 잎들과 노란 꽃들이 황홀하게 피어 있었다. 너무나 반갑고 장하고 기특했다. 부지불식간에 '와!' 하는 감탄사가 터져 나왔다.

두 번이나 목이 잘리는 연단의 시련 끝에 영광의 금관을 쓴 영웅 같았다. 국화 옆에서 숙연해지고 말았다. 나에게는 쳐내야 할 것이 얼마나 많을까? 하는 질문을 하면서…….

가벼움으로 가는 길

자꾸 건너편 산을 바라보았다. 그건 숲속의 별이었다. 가을 햇살이 산 위를 횡단하는 중이고 숲에서 샛노랗게 빛나는 열매는 확실히 별이었다. 누가 심어놓은 것처럼 모과나무들이 산 중턱에 군락을 이루고 있었다. 봄이 가고 여름이 다 가도록 그곳에 모과나무가 있는 줄 몰랐다. 푸른 산속에는 모두가 푸른 나무들뿐, 언제 봐도 그냥 푸른 숲이었다.

그런데 가을이 오고 단풍이 들고 서서히 나뭇잎이 지기 시작하면서 산의 본질이 드러나기 시작했다. 그때서야 산 중턱 키 큰 나무마다 샛노란 열매가 주렁주렁 달려있는 것을 발견했다. 자르르 윤기 흐른 모과는 햇살을 만나자 특유의 빛깔을 발산했다. 구약성경 창세기편 하와의 욕망에 불 지른 에덴의 열매가 떠올랐다. 그것도 어쩌면 모과일지도 모를 일이었다. 사실 사람들은 그것을 사과로 상상하면서 사과나무에 탐스러운 사과를 그려놓았지만 모과일 것이라는 추측도 있지 않은가. 아무튼 내 마음은 벌써 모과로 가 있었다. 자꾸 쳐다보고 또 쳐다보던 끝에 산에 오르기로 했다.

가을철 바쁜 농장 일을 제쳐둔 채 튼튼한 자루를 챙겨들고 산으로 향했다. 산은 생각보다 깊었다. 길이 없었다. 인내심을 갖고 우거진 나뭇가지를 헤치며 열심히 올랐다. 숨이 턱까지 차올라 헉헉거리며 드디어 찬란한 모과나무가 있는 곳에 도착했다.

"세상에!" 정작 모과나무 아래서 또 한 번 놀랐다. 정말 성스러운 곳처럼 느껴질 지경이었다. 모과는 나무에만 달려있는 게 아니었다. 나무 아래 푹신한 낙엽을 깔고 샛노란 모과가 즐비하게 널려 있었다. 나무에 달린 것을 딸 것도 없었다. 높아서 딸 수도 없었다. 자루를 벌리고 낙엽 위에 얌전하게 앉아 있는 모과를 성큼성큼 주워 담았다. 하늘에서 떨어진 별똥별을 줍는 기분이었다. 모과향기가 홍수처럼 흘렀다. 내 몸속으로 마구 스며들었다. 한 손도 모자라 양손으로 흠이 없고 그 중 잘 생긴 것만 골라 담았다. 자루가 쑥쑥 올라왔다. 자루는 더 이상 공간이 없었다. 낙엽 위에는 아직도 모과가 여기저기 남아있었다. 두고 가자니 아까웠다. 남편과 함께 오지 않은 것이 후회가 되었다.

자루를 채웠으니 산을 내려가야 했다. 모과 자루를 들어 올릴 수는 없었다. 질질 끌었다. 풍성한 낙엽 덕분에 자루가 미끄럼을 타면서 잘 끌려와 주었다. 낙엽이 덜한 곳에 이르자 자루는 더 이상 끌리지 않았다. 좀처럼 자루를 움직이기 힘들었다. 조금씩 들었다 놨다 하면서 이 나무 저 나무에 자루를 기대가면서 끌어내리려고 안간힘을 썼다. 열 걸음이나 걷고는 땅에 주저앉았다. 모과를 어느 정도 퍼내지 않고는 도무지 안 될 것 같았다. 모과향기가 나를 휘감았다. “이 아까운 걸 어떻게 버리나.” 단 한 개도 버릴 수가 없었다. 다시 한 걸음 한 걸음 아래를 향해 발걸음을 옮기면서 자루를 끌었다. 점점 힘겨워졌다. 십여 미터쯤 더 내려오다 걸음을 멈추었다.

어쩔 수 없이 자루를 열고 한 아름 모과를 덜어냈다. 아까워서 속이 쓰라렸다. 자루가 조금 헐렁해졌다. 자루입구를 오므려 졸라맨 다음 자루를 움직였다. 5미터 쯤 내려오자 다시 무거워졌다. 내 몸에서도 점점 힘이 빠져나갔다. 자루를 열었다.

처음만큼을 또 퍼냈다. 모과는 자루 절반밖에 남지 않았다. 이번엔 자루를 끌기가 좀 수월했다. 10미터쯤 내려왔다. 몸이 지친 터라 자루의 무게감이 처음처럼 느껴졌다. 그렇지만 더 이상 모과를 퍼낼 수는 없었다. 어렵게 자루를 끌고 계속 아래로 내려오다가 급경사를 만났다. 계곡이었다. 눈 아래로 제법 깊은 절벽이 보였다. 길을 잘못 든 것이었다. 우리가 이곳에 과수밭을 일군지 5년차였지만 이쪽으로는 와보지 않아 사정을 알지 못했다. 달리 피할 길이 없었다. 다리가 후들후들 떨렸다. 자칫 모과 자루와 함께 그리로 굴러 떨어질 것만 같았다. 아무래도 절벽은 나를 그냥 통과시킬 것 같지 않았다.

땅에 주저앉아 고난도 구간을 통과할 수 있는 방법을 연구했다. 지금까지의 방법대로 자루를 끈다는 건 위험천만이었다. 자루를 등에 업고 주저앉은 상태로 엉덩이로 땅을 쓸면서 내려가는 방법을 시도해 봤다. 조심조심 겨우 1,2미터쯤을 움직이다가 그만두고 말았다. 무게가 실린 몸이 내가 원한대로 가주지 않았다. 옆으로 빗나가려고 했다. 겁이 났다. 자루를 내 몸에서 떼어놓았다. 이제야말로 중대 결단을 하지 않으면 안 될 일이었다. 다시 모과를 퍼냈다. 모과는 절반의 절반 정도밖에 남지 않았다. 억울한 심정으로 절벽 아래를 내려다보며 숨고르기를 했다.

마침 다람쥐가 내 주변을 맴돌며 주춤거리더니 나와 눈이 마주치자 재빠르게 도망쳐 버렸다. 청설모도 그렇게 하다가 그냥 지나갔다. 5분이나 지났을까, 다시 다람쥐와 청설모가 내 주변을 기웃거렸다. 펴놓은 모과를 노리며 내가 어서 다른 곳으로 가기를 기다린 모양이었다. 아차, 하는 생각이 들었다. 모과향기를 맡고 다가온 것이었다. 모과는 그들 것이었다. 그들이 모과를 좋아한다는 걸 미처 생각하지 못했었다.

계곡은 내 욕망에 태클을 걸어서는 욕망을 조율해주는 조율사로 등장했다. 에덴동산에서 탐스럽고 먹음직한 열매에 반해버린 하와도 나처럼 후회했을 것이었다. 자루는 더 이상 끌 필요가 없었다. 한층 가벼워진 자루를 등에 메고 나머지 산을 내려오기 시작했다. 한 손은 모과자루를 잡고 한 손으로는 나무를 붙잡으며 절벽 위 경사진 길을 무사히 내려왔다. 길가에 자루를 내려놓고 길게 심호흡을 펴냈다. 옷이 땀으로 흠뻑 젖어있고 몸은 지칠 대로 지쳐있었다. 산을 쳐다봤다. 모과나무의 모과는 여전히 샛노란 빛를 자랑하고 있었다. 이젠 욕망이 아닌 아름다운 자연으로 보였다. 자루를 열어 보았다. 처음부터 이 정도만 들고 내려 왔으면 좋았을 것이라고 생각하며 한심한 나를 탓하고 있는데 동네 할머니가 다가왔다.

"뭔교?"

"모관데요."

"저어기서 주서왔제?"

"예."

"마꼬, 밭 모과도 천진데. 산에 것은 짐승들 먹구로 그냥 둬야제."

할머니는 내가 모과를 주워온 산을 쳐다보았다. 그렇지 않아도 후회하고 있는데 한 대 얻어맞은 기분이었다.

"작년에 이거 주서 갖고 내려오다가 아래로 굴러 떨어져 고생한 사람을 못 봐서 그런 기라. 까딱했으면 죽었어."

할머니는 내 얼굴을 바라보며 살아나온 것이 다행이라는 표정을 지었다. 모과자루가 많이 가벼워졌지만, 아직도 묵직한 내 욕망의 무게를 짊어지고 우리 농장으로 향했다. 길가에서 코스모스가 긴 허리를 가볍게 흔들면서 내 다리를 슬렁슬렁 건드렸다. 마치 "나처럼 사세요." 라고 하면서 회초리를 친 것만 같았다.

2부

처음, 그리고 마지막 생일잔치

재래시장 골목을 따라 딸기를 소담스럽게 담아 놓은 작은 바구니들이 줄지어 있다. 비닐하우스에서 정성들여 키운 딸기들이 지천이지만 노지 딸기도 한창이다. 딸기를 볼 때마다 어김없이 40여 년 전 햇살 좋은 5월의 재래시장 딸기와 시어머니가 떠오른다.

그날도 시장길 양옆으로 딸기가 줄지어 놓여 있었다. 달콤한 딸기 향기에 취하듯 이끌려 시장으로 들어섰다. 여기저기 둘러보는 가운데 구석진 자리에 못생긴 노지 딸기를 앞에 놓고 앉아있는 할머니도 보였다. 머리에 하얀 수건을 쓰고 있는 할머니는 봄볕에 까맣게 그을린 얼굴에 주름이 가득했다. 시골에서 푸성귀를 팔러 오신 할머니들이야 흔한 일이었다. 그런 할머니들은 좋은 자리를 차지하지 못해 보통 외진 곳에 앉아 있게 마련이었다. 그 할머니도 마찬가지였다.

시장을 한 바퀴 돌아 나오다가 유난히 달콤한 딸기 향기에 이끌려 다시 돌아섰다. 할머니 앞에 놓여있는 딸기는 정말 다른 사람들 딸기보다 작고 못생겼지만 향기는 노지 딸기의 진가를 발휘하고 있었다. 나도 모르게 할머니 가까이 다가갔다. 그런데 어딘가 낯익어 보이는 얼굴이었다. 누군지 알 것 같았다. 한 달 전에 선을 보고 잠시 인사를 드렸던 Y씨 어머니였다. 순간 당황하여 모른 체 그냥 지나쳐 버릴까, 아니면 인사를 해야 하나, 하고 망설였다. 그렇게 망설이면서도 나는 어느 새 할머니의 딸기바구니 앞에 서 있었다. 손님인 줄 알고 반가워하는 할머니 앞에서 나는 "안녕하세요? 저 기억하시겠어요?"하고 인사를 했다. 70대 연세에 비교적 더 늙고 눈이 좋지 않는 할머니는 나를 금세 알아보지 못했다.

"누군교?"

"지난번에 아드님과 선 봤던 사람입니다."

"아이고 그때 그 처자가?"

나는 할머니가 반가워하는 동안 잠시 생각에 잠겼다. 외진 자리에서 못생긴 노지 딸기를 팔기란 쉽지 않아보였다.

"이걸 저의 집으로 가져가 팔아드릴 테니 저랑 함께 가셔요."

나는 딸기가 담겨 있는 고무 통을 달랑 들어 머리에 이고 앞장서서 걸었다. 집에 도착하자마자 이웃 사람들을 불러 모아 금세 딸기를 다 팔았다. 돈을 세어 할머니께 드렸더니 웃으시며 바지(몸빼) 속에서 색동주머니를 꺼내셨다. 할머니는 겸연쩍게 웃으시며 돈을 꼭꼭 접어 색깔이 바랠 대로 바래버린 주머니 속에 넣으셨다. 고맙다고 몇 번을 말씀하시면서 배웅하는 내 손을 꼭 잡아주고는 가셨다.

할머니가 가시고 나자 자꾸 머릿속에 빛바랜 색동주머니가 떠올랐다. 며칠 뒤 시내에 나갔다가 빛깔 고운 비단주머니를 하나 샀다. 눈짐작으로 할머니 것보다 조금 더 큰 것으로 골라 예쁘게 포장을 해 놓고는 어떻게 전해드릴까 고민하고 있는데, 어느 날 해질 무렵 할머니가 딸기 한 바구니를 가지고 우리 집으로 오셨다. 지난번에 그만 딸기 한 소쿠리 못 주고 간 것이 내내 마음에 걸려 밭에서 굵고 좋은 것만 골라 따서 일부러 오신 거라고 하셨다. 크고 싱싱한 딸기를 내려놓으시고는 선걸음에 가신다는 할머니를 붙잡고 비단주머니를 내밀었다. 비단주머니를 받아든 할머니는 "우야꼬!"를 거듭 연발하시면서 무척 좋아하셨다.

그로부터 3년이 지난 후 Y씨와 나는 결혼을 하게 되었고 할머니는 나의 시어머니가 되셨다. 결혼을 하고 곧바로 나는 뜻한바가 있어 자그마한 사업을 시작했다. 첫아이가 태어났을 때 산후조리를 해주러 오신 어머니는 우리 집에서 아이를 돌보며 사셨다. 가끔 본가에 다니러 가셨지만 주로 우리 집에서 함께 사시면서 어머니는 한가할 때면 나에게 살아오신 서러운 이야기를 들려주셨다.

어머니는 청도가 고향이었는데 결혼 하고 부산으로 이사를 오셨다. 어머니의 인생살이는 설움 그 자체였다. 어머니는 3남 2녀를 낳아 잘 키웠고 다복한 가정을 이루었다. 그런데 큰딸이 결혼하고 얼마 지나지 않아 사위가 세상을 떠나고 말았다. 큰아들은 결혼하여 남매를 낳았다. 그런데 큰며느리가 세상을 떠났다. 이어 둘째아들 내외도 죽고 말았다.

줄지어 자식을 잃어버린 어머니의 가슴은 벌집처럼 숭숭 뚫려 노상 바람이 들이쳤다. 그래서 어머니는 항상 자식들을 먼저 보낸 죄인이라는 죄책감에 휘말려 살았다. 살아있는 것 자체가 죄라면서 본인의 생일조차도 인정하지 않으려고 하셨다. 남편이 막내아들이었고 어머니는 우리 부부를 의지하며 사셨다. 남편과 나는 어머니의 생일상을 차려드리려고 해마다 어머니를 설득했지만 소용없는 일이었다. 아무리 달래고 설득을 해도 어머니는 어림도 없었다. 그래서 우리 부부는 살아생전 단 한 번도 생일상을 차려드리지 못한 불효를 저지를 수밖에 없었다.

어머니는 내가 사드린 비단주머니를 마치 분신처럼 허리춤에 늘 간직하셨다. 돈이 생기면 마치 세상에서 가장 튼튼한 금고나 되는 것처럼 어김없이 비단주머니로 들어갔다. 그랬다가 손자들에게 용돈을 줄 때는 개선장군처럼 치마를 걷어올려 기운차게 주머니를 풀었다. 어머니는 그렇게 내가 사드린 비단주머니를 자신의 재산을 지키는 금고로 삼아 사시다가 비단 색깔이 다 바래질 때쯤 노환으로 자리에 누우셨다. 자리에 누운 지 두어 달 만에 77세로 한 많은 설움을 뒤로 하고 먼저 간 자식들 곁으로 떠나셨다.

어머니는 운명 하실 것을 미리 아셨는지 돌아가시기 일주일 전쯤에 내 손을 잡고 그 동안 고마웠다고 말씀을 하시더니 부탁이 있다고 하셨다.

"내가 죽으면 절대로 울지 말고, 대신 너희들이 그토록 차려주고 싶어 했던 생일상이나 걸게 잘 차려서, 동네사람들 모두 불러다가 대접 좀 잘 해다오. 그동안 나는 생일을 한 번도 한 적이 없었으니 꼭 소 한 마리 잡아서……."

어머니가 돌아가시고 난 다음 남편과 나는 어머니의 유언대로 생일잔치를 시작했다. 구포 장에서 고르고 골라 암소 한 마리를 사서 잡아 왔다. 떡도 맛있게 잘한다는 떡집에서 맞추어왔고 음료수도 우리는 캔으로 고급 음료(당시에는 병으로 썼지만)를 준비했다. 반찬도 여러 가지를 색깔을 맞추어 맛있게 해서 어머니 친구 분들과 본가 동네 어르신들을 모두 모셔다 극진히 대접을 했다. 어르신들은 음식상을 받으시고 꼭 잔칫집 같은 상차림이라며 의아한 표정을 지었다. 그러나 곧 어머니의 유언이라는 설명을 듣고는 모두 숙연해졌다. 우리는 어르신들을 발인 날까지 모시고 어머니의 초상을 잔칫집 같은 분위기로 치렀다.

장례가 끝나고 나이가 많은 시누이 두 분이 어머니 방에 물건 정리를 하면서 어머니께서 평소 지니고 다니시던 비단주머니가 안 보인다고 했다. 여기저기 열심히 찾아보았지만 끝내 찾을 수가 없었다. 그리고 한 달이 훨씬 지나버린 어느 날 어머니 생각이 나면서 다시 주머니 행방이 궁금해졌다. 곰곰이 생각해 보니 몸이 편찮으신 어머니는 주머니가 거추장스러워 어딘가에 풀어 놓으셨을 거라는 생각이 들었다.

집안 구석구석을 뒤적이던 중 내방 장롱을 열어 젖혔다. 행여나 하고 이불장을 열고 이불속을 한 겹 한 겹 손을 찔러 넣고 더듬어 보았다. 손에 뭔가 잡혔고, 끄집어내었더니 내가 사드렸던 비단주머니였다. 끈으로 주둥이가 칭칭 감겨 있는 주머니가 제법 묵직했다. 울컥 눈물이 솟구쳐 오른 채 주머니를 풀어 보았다. 주머니 속에는 거금 삼십만 원이 들어 있었다.

남편과 나는 그 돈을 어디에 어떻게 쓸 것인지를 고민하던 끝에, 어머니께서 자주 다니시던 경로당에 냉장고가 없다는 것을 알게 되었다. 우리는 그 돈으로 경로당에 냉장고를 사드리기로 했다. 냉장고가 들어가던 날 경로당 어르신들께서 무척 기뻐하셨다. 어르신들은 이구동성으로 어머니께서 내 남편인 막내아들 자랑을 노래 부르듯 하셨다고 하시며 우리 부부를 향해 칭찬을 아끼지 않으셨다.

돌이켜보면 어머니는 나에게 복을 주는 복주머니 같은 분이셨다. 어머니의 주머니에는 정이라는 복을 늘 담고 사셨다. 주머니에서 정을 퍼내어 나누어 주시면서 어머니 자신이 늘 행복해 하셨다. 쑥스럽지만 한 가지 내 이야기를 하자면, 사람들은 나에게 따뜻하다거나 남에게 배려할 줄 안다고 하는데 그건 어머니께서 가르쳐주신 유산이다.

어머니가 돌아가신 지 무려 30년이 지났지만 어머니의 인간미는 갈수록 고개 숙이게 만드는 추억으로, 아름다운 유산으로 내 정신에 살아계신다. 어머니는 계절이 바뀔 때마다 내 옷을 먼저 챙겨 주셨던 배려, 사업을 한답시고 항상 바쁘게 사는 내 대신 새벽 일찍 일어나셔서 밀린 설거지를 해주셨던 그 극진한 배려와 사랑, 손자손녀 남매를 키워 주시면서도 “내가 너한테 항상 미안하다.”는 겸양의 말씀을 잊지 않으셨던 사랑, 그런 말씀을 하실 때면 나는 나대로 어머니를 편하게 모시지 못해서 항상 죄송하다고, 어머니가 계셔서 얼마나 든든하고 편안한지 모른다고 말씀드렸지만 그것으로는 감사의 마음을 다 전해드리지 못했다는 것이 나이를 먹어갈수록 더욱 가슴을 쓰라리게 한다.

지금도 그때처럼 재래시장에는 딸기가 한창 나오고 있다. 하우스에서 재배한 딸기가 지천이지만, 아직도 어머니가 팔던 못생긴 노지 딸기도 많다. 역시 시어머니와 비슷한 시골 할머니가 노지 딸기를 팔고 있다. 시어머니를 생각하면서 한 소쿠리를 샀다. 나에게 달콤한 딸기 맛 같은 인간미를, 아름다운 유산을 남겨주고 가신 어머니를 생각하면서 다시 한 소쿠리를 더 샀다. 딸기를 받아들자 어머니 생각에 끝내 눈물이 솟구쳐 오르고 만다. 어머니를 뛰어 넘어 한 여성의 한이 너무 서러운 탓이다.

아버지와 사과

햇살 좋은 겨울 늦은 오후에 가까운 지인이 보내준 사과 한 상자를 받았다. 반가운 마음에 재빨리 열어보았다. 빨간색의 먹음직한 사과들이 질서있게 한가득 들어 있었다. 사과 향기가 온 집안으로 퍼져 나갔다. 문득 가슴이 뭉클 해졌다.

초등학교 4학년 어느 날 오후 수업시간이었다. 담임선생님이 수업을 하시던 중에 얼굴 표정이 긴장을 한 듯했다. 목소리도 조금 전과 달리 딱딱한 느낌이었다. 교장 선생님께서 수업시간 순시를 오셨나보다 하고 살짝 교실 뒷문 쪽을 보았다. 그리고 깜짝 놀랐다. 거기에는 우리 아버지께서 우뚝 서 계셨다. 군인답게 근엄하고 진지한 모습이 수업을 감독하시는 것 같았다. 창피하기도 하고 확 겁도 났다. 자세를 바르게 하고 칠판을 뚫어져라 바라보았지만 신경은 온통 교실 뒷문에 가 있었다. 드디어 종이 울리고 선생님은 수업을 마치셨다. 다시 뒤를 돌아보니 아버지는 안 계셨다. 그때서야 휴우 한숨이 터져 나왔다.

그 후로도 종종 아버지는 시도 때도 없이 수업시간을 참관하듯 나타나셨다. 나는 언제 나타나실지 모르는 아버지 때문에 수업시간마다 긴장이 되었고 숙제도 꼬박꼬박 해야만 했다. 아버지께서 그날의 숙제를 알고 계셔서 숙제 없다는 거짓말을 할 수 없었다. 쉬는 시간에도 안심을 못하고 숙제를 하거나 다음 시간 예습을 하는 등 부지런을 떨었다.

나중에 안 일이지만 아버지는 읍에 볼일이 있거나 오일장날 장에 가시는 일이 있을 때 십리 길을 걸어오셔서 자식들 교실을 일일이 둘러보시고 막이였던 내가 공부하는 교실에 들렀다 가시는 것이었다.

아버지께서는 이십 년이 넘도록 군인 생활을 하시다가 내가 초등학교 입학한 다음 해 예편하시고 홀로 계신 할아버지를 모시려고 귀향하셨다. 농사일도 부지런히 하시고 동네 이장일도 맡아 하시는 적극적이고 활동적인 분이셨다. 자식교육에 있어서도 평등하셔서 아들 딸 구별 없이 실력이 되는대로 대학까지 공부 시키겠다고 하셨다. 저녁에는 그날 배운 과목과 공책검사를 하시면서 선생님 설명을 얼마나 잘 받아 적었는지 공책 필기는 깨끗한가를 보셨다. 그리고 돌발 질문을 하시고 대답이 척척 나오지 않으면 공부 시간에 딴 짓을 했다고 벌을 세우기도 하셨다. 시험기간이 되면 더욱 심했다. 군인생활이 몸에 배어 있으니 자식들조차 군인처럼 절도 있고 규칙적인 생활을 바라셨지만 초등학생인 우리들에게 아버지는 항상 무섭고 두렵기만 한 분이셨다. 낮에 뛰어 노느라고 피곤해진 나는 훈계하시는 아버지 앞에서 꾸벅꾸벅 졸기 일쑤였다. 정말이지 그 당시에는 아버지가 무슨 말씀을 하시는지 귀에 전혀 들어오지도 않았다. 그저 빨리 자고 싶을 뿐이었다. 아버지는 그럴 때마다 정신 똑바로 차리라며 꾸중을 하셨다.

특히 6남매 맏이였던 나에게 동생들 본보기로 더 혹독하게 대하셨다. 매일 저녁마다 야단맞는 날이 많아지고 회초리를 맞아야 할 때도 있었다. 그럴 때마다 나는 맏이로 태어난 것이 억울하고 아버지가 한없이 미워서 울다가 잠이 들곤 하였다. 하지만 해가 뜨고 학교에 가면 지난밤의 서러움은 간곳없고 친구들과 신나게 노느라고 바빴다.

5학년 가을이 깊어가던 어느 날이었다. 점심시간에 도시락을 먹었지만 속이 허전해서 쉬는 시간에 학교 앞 가게에서 파는 풀빵을 사먹을 생각으로 달려갔다. 그런데 뜻밖에 그곳에서 아버지를 만났다. 얼마나 놀랐던지 꼼짝도 할 수가 없었고 다리가 후들 거리기까지 했다. 하교시간 전에 교문 밖으로 나온 것과 군것질을 하려다 들켰으니 분명 집에 가면 크게 혼이 날 일이었다. 나는 두려움에 떨고 있었다. 그때 아버지께서 내 이름을 부르시더니 "배고프지?" 하시면서 빵과 빨간 사과 세 개가 든 누런 종이봉투를 안겨주셨다. 나는 어리둥절한 기분으로 봉투를 꼭 끌어안고 운동장을 가로 질러 달리면서 '분명 이건 꿈 일거야!'를 열 번도 더 넘게 중얼거렸던 것 같다. 내 뒤를 따라온 친구는 빵 한 개만 달라고 했지만 나는 '안돼!' 한마디로 단호하게 거절하고는 교실에 들어와 책보자기 속에 고이 싸 놓았다. 어쩐지 그것은 먹으면 안 될 것 같은 생각이 들었다.

수업 시간에 책상 밑에 싸 놓은 보자기 틈으로 사과 향기가 솔솔 올라왔다. 배고프지? 라고 하셨던 아버지의 목소리와 함께 사과 향기가 내 가슴으로 스며들었다. 사과 향기는 아버지의 속 깊은 사랑과 큰딸에게 거는 희망이라는 것을 알게 해

주고 있었다.

그때부터 아버지가 무섭지도 않았고 야단을 맞거나 회초리로 종아리를 때리시더라도 야속하지 않았다. 그래서 더욱 열심히 공부했다. 초등학교를 졸업하고 중학교에 진학할 때 시험을 쳤는데 내 성적이 상위 그룹이었다. 그때 아버지께서 기뻐하시던 모습은 세상을 다 얻은 것 같았다.

어느덧 세월이 흘러 내가 아버지 나이쯤 되어 자식들이 초등학교 다닐 때였다. 종종 시장에 가는 길에 지금 쯤 공부하고 있을 아이들 모습이 궁금해 가까이 있는 학교에 들렀다. 교실 창문 너머 딸아이의 공부 하는 모습을 지켜보면서 옛날 우리 아버지 모습이 생각나서 웃음이 나왔다. 어린 것이 책상 앞에 앉아 눈망울을 초롱초롱 반짝이며 선생님을 쳐다보는 모습이 어찌나 예쁘던지 시장가는 발걸음이 날아오르듯 가벼웠다. 그때서야 아버지의 마음을 헤아릴 수 있었다. 힘든 농사일을 하시다가 학교에서 공부하는 자식들 모습을 보고 희망을 찾으셨을 나의 아버지를……

나는 아이들이 초등학교 다니는 동안 소풍 때나 운동회 때는 물론이고 임원회 모임에도 빠지지 않고 참석했다. 아버지께서 그렇게 하셨던 것처럼 아이들을 위하는 일이라면 무엇이든지 하려고 나름대로 부지런을 떨었다. 하지만 이제 성인이 된 자식들이 얼마나 그 사랑을 전해 받았는지 모르겠다. 큰아이는 결혼을 했고 작은아이는 군대에 있다. 그들 가슴속에 부모의 따뜻한 사랑과 추억이 가을날 석류 알 박히듯 알알이는 아니더라도 힘들 때 새로운 용기를 낼 수 있는 재산으로 남아있기를 바라는 마음이다.

유난히도 추웠던 올 겨울 따뜻한 선물로 배달 된 사과의 상큼한 향기가 이제는 하늘나라에 계신 아버지 마음과 만나는 훈훈한 추억 속으로 나를 안내한다. 매일 먹는 사과였는데 왜 이제야 나는 그것을 알게 되었을까?

산상집회

처절한 몸부림이었다. 모두 미쳐가고 있는 것만 같았다. 그것은 나에게 공포로 다가 왔다. 처음부터 눈을 뜨고 있었던 것은 아니었다. 통성으로 기도하라는 목사님(강사)의 말씀에 따라 두 눈을 꼭 감고 큰소리로 기도하기 시작했다. 곧 옆 사람이 울기 시작했다. 앞 사람은 일어나 펄쩍펄쩍 뛰기 시작했다. 나는 그들이 내지른 울부짖음에 눈을 뜨고 말았다.

사람들이 두 팔을 들어 허공을 향해 흔들며 울부짖고 있었다. 그럴수록 드럼은 더 빠른 템포로 북을 두드리고, 목사님은 목숨 바치듯 큰 소리로 "추수할 때가 가까워졌다"고 외쳤다. 마이크가 깨질 것만 같았다. 나는 갑자기 어지럽기 시작했다. 허약한 몸을 간신히 일으켜 사람들 틈을 비집고 나와 멀찍이 떨어져 앉았다

70년대 중반 그해 여름 태안군내 모든 교회들이 초교파적으로 상옥리 냉장골에서 2박 3일간 산상집회를 열었다. 그날 저녁이 첫 시간이었다. 집회 참석을 위해 엄마는 며칠 전부터 집안일을 차곡차곡 정리하기 시작했다. 올망졸망한 5남매를 위한 반찬거리며 빨래까지 해놓고 산상집회기간 동안 먹을 밑반찬까지 준비 하느라 무척 분주했다. 엄마는 벌써부터 특히 병 고치는 은사를 받은 능력 있는 목사님이 오신다는 소식에 들떠 있었다. 엄마는 몹시 기대에 차있었다. 몸이 아픈 나를 그 목사님에게 데리고 가면 나을 것이라는 믿음 때문이었다.

6남매 맏이인 나는 고3이었다. 대학진학의 꿈을 안고 고향 태안을 떠나 청주에서 유학까지 해가면서 열심히 공부했지만 몸이 약해지면서 대학교는 잠시 미루고 투병 생활에 들어갔다. 결핵이었다. 매일 먹는 약과 주사는 1년이 지나면서 나와 부모님을 지치게 만들었다.

사람들 속에서 엄마를 찾느라 살폈다. 내 옆자리에 앉아 계셨는데 어느 새에 자리를 옮겼는지 맨 앞줄에서 기도에 빠져 있었다. 목사님과 조금이라도 더 가까운 자리에 앉기 위해서였다. 얼굴은 이미 땀과 눈물로 뒤범벅이 되어 있었다. 가슴이 다 닳도록 간절히 주님을 찾고 있었다. 나는 아픈 몸인지라 피곤하기도 하지만, 죄인이 된 기분으로 우리 교회 텐트가 쳐진 곳으로 돌아와 누워 버렸다.

밖에서는 온 산이 들썩이고 있는 것 같았다. 북소리는 내 심장을 두드리는 것 같고 사람들의 아우성치는 기도소리가 나를 에워쌌다. 숨조차 쉴 수가 없었다. 머릿속이 아파 집회 참석한 것을 후회하며 벌떡 일어났다. 그때 우리 교회 여전도사님이 걱정스러운 표정으로 텐트 안으로 들어 오셨다. 그리고 나를 붙잡고 기도하기 시작했다. 그때부터 나는 차츰 안정이 되면서 전도사님의 기도에 빠져 들기 시작했다. 전도사님의 간절한 기도소리가 내 기도로 바뀌어 가면서 아멘, 아멘을 외쳤다.

그날 밤 엄마는 산에서 철야기도를 하신 탓에 다음날 새벽 예배시간에야 만날 수 있었다. 집회 기간 동안 산에서 같은 교회 성도끼리 밥을 해먹으며 지내는 시간은 서로에게 믿음으로 가까워지는 계기도 되었다. 나는 차츰 예배에도 적응이 되어가면서 찬양에도 은혜가 넘치는 걸 느꼈다.

집회 마지막 날 저녁 시간이었다. 찬양시간에 '빈들에 마른 풀 같이 시들은 나의 영혼/ 주님의 허락한 성령 간절히 기다리네 / 가물어 메마른 땅에 단비를 내리시듯 /생명의 단비를 부어 새 생명 주옵소서'를 연속으로 불렀다. 그러자 내속에서 뜨거운 눈물이 흐르고 온 몸이 불덩어리가 된 것 같았다. 찬양을 힘차게 부르고 말씀이 끝난 뒤 통성기도 시간이었다. 나는 벌떡 일어나 손뼉을 치면서 뛰기 시작했다. 폭풍 같은 기도가 넘쳐 나왔다. 마음속 깊은 곳에서 기쁨이 솟구쳐 올랐다. 감사가 저절로 흘러 나왔다. 그리고 그해 여름 집회의 뜨거운 체험이 새벽기도를 빠지지 않게 했고 우울증에서 벗어나게 해주었다. 새로운 꿈을 꿀 수 있는 힘을 불어 넣어 주었다.

수십 년이 지난 지금도 그때 고향의 산상집회를 잊을 수가 없다. 그 뜨거움이 준 주님의 은혜를 잊을 수가 없다. 말복이 지나고 처서가 다가오는 요즘 내 고향에서는 아직도 냉장골 산상집회가 열리는지 궁금하다. 나그네와 노숙자의 차이는 돌아갈 집이 있느냐 없느냐의 차이일 뿐이라고 한다. 하늘나라에 영원한 내 고향집이 있는 나는 진정 행복한 나그네라는 생각은 여전하다. 내일 일은 염려하지 말고 지금 주어진 시간에 만족하면서 감사한 마음으로 살아갈 수 있다는 것은 세상의 그 무엇으로도 얻을 수 없는 고귀한 일이다.

청보리밭에서 약속하다

캄캄한 방, 숨소리조차 들리지 않는 어두운 적막감, 눈은 있으나 없으나 똑같은 시야였다. 머릿속은 휘잉 바람이 불어대는 벌판 같았다. 왜 그렇게 어렵게만 되어 가는지, 내 몸이 분명한데 내 의지대로 되지 않았다. 사실 아직까지 살아 있는 것 자체가 기적이었다. 그런데 도대체 지금이 한밤중인지 새벽인지 분간 할 수가 없었다. 목도 마르고 소변도 마려운데 몸을 움직일 수가 없었다. 머릿속에서는 일어나야지 하는데 몸이 꼼짝을 못하는 것이었다.

일주일 전이었다. 부모님이 멀리 있는 밭에 일하러 가고, 나는 집과 가까운 텃밭에서 혼자 밭을 맸다. 밭을 매는 일이 재미가 있었다. 평소 내 생활은 햇볕에 나오지 말라는 아버지의 불호령 때문에 해가 지는 저녁이면 겨우 마루 끝에 나와 앉아 마당을 돌아다니면서 놀고 있는 강아지를 친구삼아 잠시 하늘이 붉게 물들 때까지 있다가 방에 들어와 눕곤 했다.

그날은 낮에 오랜만에 밖으로 나와 보니 등으로 쏟아지는 따끔따끔한 6월의 햇살이 신기하도록 좋았다. 흙을 호미로 파면 풀뿌리가 뽑히면서 코끝에 스치는 싱그러운 풀 향기는 더욱 좋았다. 그럭저럭 한나절이 넘었고, 텃밭에 있는 풀들을 말끔히 맸다. 밭이 훤해졌다.

문제는 그때부터 시작되었다. 아버지의 명령을 어긴 내 몸은 그날 밤부터 열이 오르고 몸이 추워지면서 온 몸이 조이듯 아파오기 시작했다. 밤새 앓다가 새벽녘에야 겨우 잠이 들었다. 동생들은 학교에 가고 부모님은 들일을 나갈 준비를 해놓고 나를 깨웠다. 밥을 먹이고 약을 먹여야 하기 때문이었다.

그때까지도 다행히 별 일이 없었다. 간신히 몇 숟갈 뜨고 약을 삼키고는 이불을 뒤집어쓰고 다시 누웠다. 한숨 자고 나자 몸은 가벼워졌지만 여전히 숨이 찼다. 점심을 먹고 이웃에 있는 친구에게 갔다. 마침 친구는 밭에 김을 다 매고 돌아와 대청마루에서 쉬고 있었다. 둘이 앉아 펜팔 친구에게 답장 온 것을 가지고 이야기꽃을 피우고 있었다. 그런데 갑자기 숨이 끊어질 듯, 기침이 시작되었다. 가슴이 터질 것처럼 아팠다.

그때였다. 목에서 뜨거운 무엇이 울컥울컥 넘어온 것이었다. 그건 마당에 붉게 핀 장미꽃보다 더 붉은 핏덩어리였다. 몇 번인가를 그렇게 토하고 나자 속이 시원해지는 것 같았다. 대신 머릿속이 하얘진 느낌이 드는가 했는데 정신을 잃고 말았다. 그리고 시간이 얼마나 지났을까, 눈을 뜨자 나는 대청마루에 누워 있고 친구가 울면서 나를 흔들고 있었다. 그리고 내가 입고 있는 상의 앞자락은 붉은 피로 물들어 있었다.

친구가 부축해서 집으로 돌아왔다. 방에 누워있는데 속이 메스껍고 머리는 어지러웠다. 겁이 났다. 절망하여 나는 이제 죽었으면 좋겠다고 생각했다. 매일 먹는 약도 지겹고 저녁마다 엄마가 놓아주는 마이신 주사도 진절머리가 났다. 매일 주사 맞은 엉덩이는 딱딱해져서 옆으로 돌아누울 때마다 비명이 나올 정도로 아팠다. 초록색으로 빛나던 세상이 황토색으로 메말라 보이기 시작했다. 더 이상 숨 쉬는 것도 싫었다. 땅

속을 기어 다니는 굼벵이가 된 것 같았다. 아니 굼벵이는 구르는 재주라도 있지만 나는 아무것도 아니었다. 굼벵이보다 못한 나를 세상에서 사라지게 하고 싶었다.

자살, 사실 생명을 포기한다고 생각하자 무서웠다. 그러나 독해지기로 마음먹었다. 어떤 방법을 사용할까? 하고 여러 가지 생각을 했다. 먼저 이제 더 이상 의미가 없는 약, 남은 약을 텃밭을 파고 묻어버렸다. 약은 나를 살리는 것인데 원수처럼 보였다. 나는 마치 철천지원수를 저주하듯이 저주스러운 약을 파묻고도 모자라 덮은 흙을 울면서 밟고 또 밟았다.

아직 어둠이 깔린 새벽이었다. 가족들 몰래 방문을 열고 나와 마당에 섰다. 안방도 건넌방도 조용했다. 마루 밑에서 잠자던 진팔이 녀석만 꼬리를 흔들며 다가와 내 무릎 정강이에 제 몸을 비비며 따라붙었다. 녀석을 달래 밀어내고는 대문을 소리 나지 않게 열고 집을 벗어났다. 어두움에 잠긴 밖은 고요했다. 천천히 냇둑을 따라 걸음을 옮겼다. 그리고 냇둑에 올라서서 동네와 가까이 있는 저수지를 잠시 바라보았다.

집과 너무 가깝다는 생각이 들어 다시 멀리 간척지 논 끝에 있는 바다 쪽을 향해 걷기 시작했다. 이슬에 젖은 풀을 스치며 걸었다. 머릿속으로 태어나 20년 동안 살아온 내 생애가

영화 필름처럼 지나가기 시작했다.

나는 고향 태안에서 중학교를 마치고 외가가 있는 청주에서 고등학교를 다녔다. 아버지는 딸 아들 구별 없이 실력이 되는대로 대학교는 물론 유학까지도 교육을 시키겠다는 교육관을 갖고 계셨다. 덕분에 친구들은 중학교를 졸업하고 대다수가 취직을 하든지 집안일을 했지만 나는 객지로 진학을 할 수 있었다. 그리고 대학 진학을 목표로 열심히, 정말 열심히 공부했다. 시험 기간에는 독서실에서 밤샘 공부하는 것이 예사였다. 내 장래보다도 힘들게 농사를 지으면서 뒷바라지 해주는 부모님을 실망시켜서는 안 된다는 부담이 사실 컸다.

그런데 고등학교 3학년 가을이었다. 환절기에 감기가 들더니 좀처럼 떨어지지 않았다. 오전에는 별 증상이 없다가 오후만 되면 열이 나고 잔기침을 하면서 졸음이 몰려왔다. 수업시간에 졸기 시작했다. 조는 게 아니라 쓰러지다시피 했다. 보다 못한 친구가 외출증을 받아와 자기 아버지 병원으로 나를 데리고 갔다. 문진과 진찰을 하고, 엑스레이를 찍었다. 그리고 친구 아버지는 심각한 표정으로 이 지경이 되도록 어떻게 학교를 다녔느냐고 하면서 폐결핵 2기라고 했다. 말만 들었던 무서운 병이 바로 내 몸을 차지하고 있다는 것이었다.

청천벽력 같은 소식을 듣고 아버지가 급히 청주로 올라오셨다. 몹시 놀라고 당황한 아버지는 당장 나를 한 달 동안 휴학을 시키고 강제로 고향으로 압송하다시피 데리고 왔다. 나는 책 한 권도 챙기지 못한 채 달랑 몸만 내려와야 했다. 집에 온 날부터 매일 고깃국에 진수성찬의 독상을 받게 되었다. 그리고 날마다 약 먹고 잠만 자기 시작했다. 심신이 지쳐 있던 터라 잠이 꿀처럼 달았다. 나는 한 달 동안 휴학을 끝내고 다시 학교에 갔다. 한 달 동안 먹고 자기만 해 친구들이 살이 많이 쪘다고 놀랐다.

예비고사 카운트다운에 들어갔다. 불과 일주일이 남아 있었다. 내 머릿속은 깨끗하게 비어 있었다. 예상했던 대로 시험 치는 날 목표했던 대학교 시험에서 낙방하고 말았다. 당연한 일이었지만 울고 또 울었다. 부모님은 내 건강 때문에 차라리 잘됐다고 하시면서 짐을 싸서 집으로 내려오라고 했다.

3년간의 유학결과가 낙방이었다. 거기다 병든 몸이 되었으므로 부모님 앞에 죄인 신세였다. 부모님께 죄송하여 열심히 약을 먹고 주사를 맞으며 치료를 했지만 병세는 호전되지 않고 자꾸 기승을 부리는 것이었다. 아버지는 예편하여 군인연금과 농사로 살아가는 넉넉지 않은 시골 살림이었다. 그런데 내 약과 영양을 챙겨주려니 대학교 보낸 것보다 돈이 더 들어갔다. 가끔 어머니께서 그런 말씀을 하실 때마다 죄송해서 어쩔 줄 몰랐다. 투병 생활은 끝을 알 수 없는 암흑의 터널 같고, 온 몸에서 약 냄새가 진동했다. 그리고 나는 끝내 스스로 내 목숨을 포기하기로 작정을 했던 것이다.

머릿속으로 지나가는 나의 20년 생애는 무조건 부모님께 죄송함뿐이었다. 바닷가 높은 둑에 올라섰다. 천수만의 짭짤한 바다 냄새와 시커먼 갯벌이 하늘과 맞닿아 있었다. 수문 쪽으로 가까이 다가가 시퍼런 물결을 내려다보았다. 넘실대는 물이 마치 나를 받아 삼키기 위해 검은 입을 벌리고 있는 것만 같았다. 나는 그만 서 있던 자리에 주저앉아 두 눈을 꼭 감아버리고 말았다.

있는 힘을 다해 눈을 꼭 감은 나는 어떤 낯선 세계에 들어와 있는 것만 같았다. 순간 내 몸에서 빠져나와 있는 내 모습이 보였다. 나는 한참을 그렇게 내 모습을 바라보면서 독백이 흘러나왔다. "그동안 욕심 때문에 너무나 힘들었지? 이제부터 너는 자유야. 고생 끝이야. 너는 이제 너의 길로 가면 그만이야"라는 독백과 함께 하염없이 눈물이 쏟아졌다. 미처 꽃도 피워보지 못한 20세 내 인생이 기가 막혀 설움이 터진 것이었다. 그렇게 얼마나 시간이 지났을까. 한기에 떨면서 눈을 떴다.

그런데, 희한한 일이었다. 눈을 떴더니 기가 막힌 광경이 내 눈에 들어온 것이었다. 때마침 바다는 밀물 때였고, 동쪽 하늘 구름 사이사이로 붉은 빛줄기가 부챗살처럼 활짝 펼쳐져 있었었다. 그리고 빛을 받은 검은 바다는 주황색, 노란색, 붉은색으로 변하면서 너울너울 춤을 추는 것이었다. 갈매기들은 신나게 노래를 부르며 날개를 치고 있었다.

순간 눈물이 왈칵 쏟아졌다. 지금까지의 서러움과 비통함과 억울함의 눈물이 아니라 알 수 없는 희망, 가슴 벅찬 환희의 눈물이었다. 나는 펑펑 울면서도 하늘과 바다에서 눈을 뗄 수가 없었다. 형형색색으로 물든 파도가 나에게 달려와 용기를 내라고 말하는 것 같았다. 어젯밤은 어둠이었지만 지금은 태양이 어두움을 물리쳤지 않느냐고 달래고 있었다. 정말 빛이란 희망이었다. 점점 밝은 태양이 떠오르자 나는 소스라치게 놀라며 자리를 박차고 일어났다. 날마다 마주한 태양이었는데, 처음 보는 것만 같았다. 장엄하고 아름다운 자연 앞에 나도 살고 싶다는 욕망이 솟구쳐 올랐다. 나는 바보 같은 생각, 어리석은 생각에 사로잡혀 있다는 것을 깨달으며 바닷가를 떠나 집을 향해 걸었다. 모내기를 끝낸 파란 논에 드문드문 부지런히 일하는 농부들이 보였다.

냇둑 길이 끝나는 곳에 파란 보리밭이 펼쳐져 있었다. 한창 보리이삭이 패기 시작한 청보리밭은 아침 햇살에 이슬방울이 찬란하게 빛나고 있었다. 청신하고 신선한 아름다움에 눈물이 핑 돌았다. 그것은 새로운 생명을 나에게 제시해주고 있었다.

나는 끌리듯 보리밭으로 들어갔다. 보리 물결을 손으로 쓸면서 겨울을 살아야 하는 어린 보리를 떠올렸다. 얼었던 땅이 녹으면서 서릿발이 서기 시작할 무렵이면 아버지는 우리 형제들을 보리밭으로 데리고 가서 보리를 밟게 했다. 겨우내 언 땅을 견딘 싹들이 파란 물이 오르기 시작하면 보리를 힘주어 밟아 주어야 들뜬 뿌리가 땅 속으로 들어가 실한 보리가 된다고 했다. 그럼에도 나는 차마 어린 보리 싹을 힘차게 밟지 못해 천천히 살살 밟다가 아버지로부터 꾸중을 듣곤 했는데, 그렇게 발밑에서 힘껏 밟힌 보리들이 지금은 대궁이가 실하고 잎이 짙푸른 청보리밭이 되어 힘차게 바람을 타고 있었다. 보리들은 마치 고난을 이기고 승전가를 부르는 것만 같았다. 나는 마치 신 앞에 약속을 하듯이 "그래, 나도 나의 겨울을 이겨 내리라. 반드시 병마를 이겨 내고 이 푸른 청보리처럼 청청하게 피어나리라. 꼭 그러리라"고 스스로 굳게 약속을 했다.

용기, 꼭 병마와 싸워 이기겠다는 용기와 희망이 뜨겁게 불타오르는 가슴을 안고 우리 집 대문 앞에 섰다. 그때 아버지께서 나오시다가 나를 발견하시고는 "아침 산책이 길었구나. 어서 들어가 아침밥 먹고 약 먹어라."라고 하셨다. 밥상 앞에 앉은 나는 힘차게 밥을 먹었다. 그리고 다시 치료하기 시작하여 일 년 반이 지나갔을 때 드디어 완치 판정을 받게 되었다.

그 후 34년이 흘러 가버린 지금도 청보리밭을 보면 눈물이 솟구쳐 오른다. 실한 청보리가 무거운 모가지를 달고 서서 바람을 타면서도 누렇게 익어가는 결실을 기다리는 희망이 아직도 나에게 용기를 주는 것이다. 청보리밭에서 한 나와의 약속을 잘 지켜낸 나는 지금까지 당당하게 세상을 살아왔다. 병마 때문에 쉬었던 대학 공부도 했으며, 결혼도 했다. 자식도 낳았다. 아직도 나는 청보리가 아름다운 결실을 향해 익어가듯이 희망의 실한 열매를 가슴에 품고 하늘을 향해 감사를 드린다. 지난날은 너무 절망했으나 그 절망을 통해 나에게 더 큰 축복을 주신 하늘을 향하여 오늘도 눈물 젖은 감사를 드리며 살아가고 있다.

위대한 유산

어김없이 가을이 왔다. 푸른 바다보다 더 짙은 색으로 하늘은 하루가 다르게 높아지고 아침저녁으로 서늘하던 바람은 추위를 느낄 만큼 쌀쌀해졌다. 피부가 건성인 나는 이맘때가 되면 손발이 트기 시작한다. 핸드크림을 바르고 발에도 저녁마다 오일 맛사지를 해야 한다. 그래도 다음날 손과 발이 푸석하다. 이것은 순전히 아버지가 물려주신 체질 때문이다. 아버지는 가을만 되면 손톱 밑이 갈라지고 발뒤꿈치가 가뭄에 쩍쩍 갈라진 논바닥 같았다. 갈라진 틈에서는 피가 배어나기도 했다. 그 손으로 쉼 없이 일하시면서 아프다는 말씀 한 마디 하지 않으셨다. 태연하게 반창고를 몇 겹으로 붙이시면 끝이었다. 유독 아버지 체질을 닮은 내가 손이 터서 아프다고 하면 크림을 사다 주시면서 자주 바르라고 하셨지만 아버지는 바르지 않으셨다.

자녀교육에 열정을 갖고 계셨던 아버지는 12살 어린 나이에 돌림병으로 어머니를 여의고 외로운 세월을 사셨다. 일제 때는 징용으로 일본에 끌려가셔서 고된 부두 일을 하셨다. 그 때도 낮에는 일을 하고 밤에는 일본말을 배우려고 피곤해도 잠을 자지 않고 독학으로 일본어 공부를 열심히 하셨다. 그 결과 3개월 후에는 일본사람들과 의사소통을 하는데 어려움이 없었다고 했다. 아버지는 일본어 실력이 뛰어나 한인 부두 노동자들의 통역을 맡게 되었다. 그때부터 아버지는 고된 부두 일을 하지 않아도 되었다.

해방이 되자 아버지는 고향으로 무사히 돌아오셨으나 집안 형편은 어려웠다. 나라 잃은 백성의 설움을 뼈저리게 몸으로 체험한 아버지는 군대에 지원하였으며 육군 보병으로 군대 생활을 시작하셨다. 그러나 한국전쟁이 발발하자 포탄과 총알이 비 오듯 쏟아지는 전쟁터를 누볐다. 수색대대 소속이셨던 아버지는 북한군에 밀리던 전쟁이 유엔군이 들어오고 서울 수복과 함께 북진을 계속하여 압록강까지 가셨으나, 강물을 맛 본 다음날, 기쁨도 잠시 중공군에 밀려 계속 남하하는 신세가 되고 말았다.

경북 영천에서 낙동강을 사수하기 위한 총공격이 펼쳐졌다. 며칠간 계속된 치열한 전투 중에 아버지는 그만 날아온 포탄 파편에 부상을 입고 쓰러지셨다. 정신을 차린 곳은 부산의 임시 야전병원으로 사용 중인 학교 운동장 나무 밑 야전침대였다. 그때 누워 바라본 하늘이 그렇게 고울 수가 없었다고 하셨다. 다행히 파편에 맞은 상처라 회복이 빨랐고 다시 군대로 돌아가 싸우다 휴전을 맞이하였지만 공산당 잔당들과 밤낮 없는 동족상잔의 전쟁을 하며 제주도 4.3사건, 여순사건 등 새로운 전쟁을 또 치러야 했다.

그 와중에도 아버지는 어렸을 적 8세 때부터 교회를 다녔던 신앙으로 쉬지 않고 밤마다 하나님께 기도를 드리셨다고 했다. 목숨만 살려주신다면 이 목숨 다할 때까지 조국을 위해 하나님 나라를 위해 이 한 몸 바치겠노라고 간절한 기도가 하늘에 상달되었다. 아버지는 무사한 몸으로 모든 전쟁이 끝나고도 군대생활을 계속하셨다. 만기제대하기까지 총 23년을 군에서 지내셨다. 군 생활 중에 결혼을 하신 아버지는 삼 남매 자식과 아내를 데리고 귀향하여 농사일을 시작하셨다.

큰딸인 내가 초등학교 3학년 봄에 제대하신 아버지를 따라 시골로 전학을 갔었다. 아버지는 지독한 군인정신이 골수에 깊이 박혀 있었다. 우리들은 어려서부터 군대식 가정교육을 받아야만 했다. 규칙적이고 절도 있는 생활과 군대식 질서를 지켜야 했으며 학교공부는 1등을 해야 했다. 시험 보면 100점 맞는 것을 당연시 해야 했다. 훈계를 시작하시면 짧아야 두 시간이었다. 아버지 군대생활 경험을 인용하여 동서양의 위인들을 예로 들어 말씀하시고 공자님 말씀도 하셨지만 성경 말씀을 가장 많이 인용하셨다. 어쩌면 그렇게 성경을 줄줄 외우고 계셨던지 지금 생각해도 아버지의 기억력은 대단하셨다. 아버지는 귀향하여 삼남매를 더 낳으셨으니 우리는 6남매가 되었다. 우리 형제들은 하나가 잘못해도 모두가 벌을 받았으며 장녀인 나는 동생들 지도를 제대로 못했다하여 더 혼이 났다.

전쟁터에서 하나님께 드린 기도대로 아버지는 국가를 위해 새마을 지도자를 맡아 충남 최고의 새마을을 만드셨고 대통령 표창까지 받았다. 교회에서는 헌금관리를 하는 재정부를 책임지고 일하셨다. 아무리 일이 바빠도 대중교통이 없는 교회까지 십리 길을 새벽예배와 주일예배는 물론 수요예배와 금요일 구역예배 인도까지 빠진 적이 없었다. 중학생이 된 나는 등불을 들고 부모님을 따라 새벽예배를 다녀야 했다.

아버지는 6남매 중 맏이인 내가 믿음으로 바로 성장하기를 바라셨다. 그래야 다섯 명 동생들이 본을 받아 저절로 다 잘 되는 거라고 하셨다. 딸 아들 구별 없이 실력대로 대학까지 공부 시킬 것이니 열심히 하라고 말씀하시며 내게 거는 기대가 크셨다.

하얀 눈이 소복소복 내리는 겨울이나 여름 장마철에 개울물이 넘쳐 시오리 길을 돌아서 가야만 하는 때에도 새벽예배는 계속 되었다. 그 당시 아버지를 따라다니던 나는 하나님이 미웠다. 잠도 제대로 못 자고 고생하는 것은 모두 하나님 때문이라고 생각했다. 그러나 감히 겉으로 표현을 할 수는 없었다.

아버지는 교회가 최우선이었지만 어머니는 자식들과 실생활이 우선이었다. 자연히 두 분 사이에 다툼이 잦았다. 가끔 어머니가 보따리를 싸 들고 외갓집으로 가 오랫동안 계시다가 오셨다. 나는 어머니가 안 계시는 동안 아침밥 준비와 도시락을 싸야 했으며 학교공부가 끝나면 곧장 집에 돌아와 저녁도 지어야 했다. 동생들도 고사리 같은 손으로 청소며 설거지를 도와주면서 "엄마 언제 와?"하고 물었다. 아버지는 만여 평의 농사일을 하시면서 천방지축인 2남 4녀를 지독한 군대식 교육으로 엄하게 하시었다.

그 무렵에 부모님은 할아버지 때부터 살던 집을 새로 건축하실 계획으로 산을 개간하는 곳마다 다니며 대들보감이나 기둥감이 될 만한 나무들을 사서 모으셨다. 해가 갈수록 재목들이 많이 쌓여갔다. 우리들은 넓은 방들과 큰 대청마루가 있는 새집을 상상하면서 조금씩 양보하며 한 방에서 자고 호롱불 아래 마주 보며 머리를 맞대고 공부하고 책도 읽곤 하였다.

그러던 어느 날이었다. 그날은 마침 토요일이었는데 학교에서 돌아오자 교회 청년들이 당시에 귀한 트럭과 소달구지와 리어카 등을 갖고 와서 아버지께서 그동안 사서 모아 두셨던 기둥감들이며 서까래 감들을 실어 내는 것이었다. 나는 어리둥절했다. 마침 장날이라 장에 가신 엄마는 오지 않았고 아버지께 여쭤보고 싶었으나 어머니가 오시면 알게 되겠지 하고 참았다. 해가 질 무렵에야 어머니가 오셨다. 내가 얘기해서 나무들이 없어진 걸 아신 어머니는 아버지께 물어보았고 교회 건축하는데 모두 내어놓았다는 것을 알게 되었다. 어머니는 불같이 화를 냈다. 그 일로 두 분이 큰 소리가 오가며 다투셨다. 어머니는 그날 저녁밥도 드시지 않고 자리에 눕고 말았다.

아버지는 그런 어머니에게 하나님 집을 먼저 지어드리고 우리 집을 지어도 늦지 않는다며 달랬다. 어머니는 눈물을 흘리며 아버지를 원망했다. 좀처럼 화를 풀지 않으셨다. 반이라도 받아 오라고 어떻게 모은 건데 그걸 다 내어놓았냐며 집에서 나가 교회에서 살라고 고함을 질렀다. 어머니가 아무리 그래도 소용없는 줄을 나는 알고 있었다. 그때 교회는 산 밑에 있는 동네에 있었는데 훨씬 교통이 좋고 대지가 넓은 곳에 터를 사서 새로운 성전 건축을 준비하는 중이었다.

아버지는 교회 건축위원장을 맡으셨고 우리 집에서 가까운 곳에 터를 잡은 것에 신이 나서 집안일을 제쳐두고 교회 일에 매달렸다. 어머니는 농사일을 제대로 돌보지 않는 아버지를 어찌할 수 없어 벼농사는 포기하다시피 하고 밭농사에 힘을 기울였다. 가을이 되자 남들은 벼를 말리기 위해 논둑에 볏단을 줄지어 세워 놓거나 집 마당에 둥근 낟가리를 만들었다. 그런데 우리 논에는 벼가 그대로 있었다. 추수감사절에 봉헌 예배를 드리겠다는 목표로 성전 건축에 모든 것을 바치는 아버지는 추수는 뒷전이었다. 이웃 사람들이 벼를 보며 걱정을 했다. 그리고 비가 많이 내렸다. 미리 벼를 베어 둑에 널어둔 벼나 마당에 낟가리를 한 벼들은 썩거나 싹이 났다. 그런데 논에 그대로 둔 우리 벼는 아무렇지도 않았을 뿐만 아니라 비온 뒤 더 잘 여물어 소출이 지난해보다 더 많았다.

드디어 교회 건축이 완공되었을 때 아버지는 추수감사 예배와 봉헌예배를 드리며 감격을 감추지 못했다.

그 후 1년이 지나고 정부에서 초가지붕을 없애는 지붕 개량 사업과 주택 개량 사업을 시작했다. 충남에서 우리 마을이 시범마을로 선정되어 주택 개량 사업이 진행되었다. 우리 동네 서른여덟 집이 규격품 목재들(동명목재)로 규모가 똑같은 집들을 지어 나아갔다. 기존에 있는 초가집을 헐고 그 자리에 새집을 짓는 가정들은 임시로 비닐하우스에서 생활을 해야 했다. 우리 집은 기존 집을 그냥 두고 그 옆에 새로 집터를 잡았다. 동네 안 길이 좁아 큰 차들이 목재와 재료들을 운반하는데 어려움이 많았다.

아버지는 이참에 우리 마을 길을 넓히자는 제안을 했다. 아버지의 제안이 받아들여져 우리 마을에 반듯하고 넓은 길이 만들어지기 시작했다. 소달구지와 경운기가 겨우 다니던 길이 자동차가 씽씽 달릴 수 있게 되었다. 길가 밭주인들이 길로 사용할 땅을 내어놓았으나 어느 누구도 땅값을 달라고 하지 않았다. 길이 넓어지자 집 지을 목재를 쉽게 옮기게 되어 공사 진행이 빨랐다.

그렇게 온 동네 사람들이 한마음으로 단합이 되어 새집을 짓고 마을길도 넓히고 전기도 들어와서 집집마다 전기밥솥, TV, 냉장고, 세탁기가 들어오기 시작했다. 새마을 지도자를 맡아 일하는 아버지는 모범새마을 지도자로 선정되었다. 우리 마을은 우수 새마을로 선정되어 대통령 표창을 받았다. 거액의 상금도 받아 마을 회관을 건립하는데 사용했다.

아버지는 후일, 그런 일을 모두 간증하셨다. 수년 동안 모은 목재로 우리 집을 짓지 않고 성전을 건축하는데 사용했기 때문에 하나님께서 우리 동네를 시범마을로 선정되게 하셨고, 마을의 모든 집을 충남에서 제일 먼저 지을 수 있도록 축복을 주셨다고 했다. 더욱 놀라운 것은 성전건축으로 드린 목재 수량이 서른여덟 개였는데 개량한 집도 서른여덟가구였다. 아버지는 하나님께서는 목재 한 개에 집 한 채씩을 지어주신 것이라면서 그것에 크게 감동을 받았다. 어머니는 새 성전이 가깝기도 하지만 교통이 좋아 그전보다 더 열심히 교회에 나가셨다. 여전도회장을 오랫동안 맡아 교회 살림을 헌신적으로 이끌었다.

그렇게 세월이 흘러 아버지는 연세가 많아지고 자식들이 하나둘 객지에서 자리를 잡았다. 아버지는 자식들을 결혼시킬 때마다 땅을 조금씩 줄여나갔다. 환갑이 지나고 농사일이

벽차 일을 못하게 되자 집과 남은 전답은 세를 주고 나 하고 이모가 사는 부산으로 이사를 오셨다. 부모님의 교회 충성과 하나님에 대한 사랑은 여전했다. 지금의 우리교회를 건축할 때는 건축위원장을 맡아 교회에서 사시다시피 했다. 어머니는 총 여선교회 회장을 맡아 열심히 헌신했다.

우리 6남매는 어렸을 때 아버지가 심어준 신앙으로 저마다 소속된 교회를 열심히 섬기고 있다. 아버지의 하나님이 우리 형제들의 하나님이 된 것이다. 이제 아버지는 하늘나라에 계신다. 아버지가 물려주신 신앙을 우리 자녀들이 소중하게 이어 가기를 늘 기도한다. 총알이 쏟아지는 전쟁터에서 아버지를 눈동자같이 보호하셨던 하나님은 우리들을 각박한 삶의 전쟁터에서 최후 승리자로 세워 주실 것이라는 확실한 믿음을 갖고 있다.

가을날 저녁노을이 붉게 타는 지금도 손톱 밑이 갈라진 아버지의 거친 손이 그립다.

아름다운 주례

5월의 주말, 많은 사람들의 축복을 받으면서 결혼식을 올리는 한 쌍의 신랑신부가 있었다. 주례를 맡은 남편과 나는 넉넉하게 시간 여유를 갖고 통영의 결혼식장에 도착했다. 웨딩홀에는 아이보리 색깔 연미복을 입은 신랑이 단정하고 듬직한 모습으로 서 있었다. 남편은 사실 주례를 해주러 오기까지 고민을 많이 했다. 그동안 많은 지인들의 혼사에 참석을 했지만 주례사를 끝까지 들어 본 적이 없다고 했다. 아는 사람들과 만나 서로 인사하고 얘기하다 보면 결혼식은 끝나고 식사 자리에 갈 때도 있었고 바로 다른 볼일을 보러 가기도 했다며 걱정을 한 것이었다.

한 달 전, 퇴근한 남편이 심란한 얼굴로 앉아 있었다. 이유를 물었더니 고민을 털어 놓았다. 오후 수업을 마치고 밀린 업무가 있어 교무실에 있었는데 교무실로 훤칠한 청년이 성큼 들어서더니 남편에게 다가와 "몇 회 졸업생 누구입니다." 하고 인사를 깍듯이 하는데 도대체 어느 때 어느 반 학생이었는지 생각이 나지를 않았다고 한다. 청년은 "선생님 덕분에 대기업에 취직하여 자리를 잡았고 한 달 뒤에 결혼식을 올리게 되었다"며 주례를 맡아달라고 부탁했다. 남편은 뜻밖의 부탁에 놀라 주례는 연륜과 사회적 지위가 있는 분이 하는 것이 좋을 것 같다고 완강하게 거절했다. 그런데 제자는 끝까지 간곡하게 부탁을 하면서 "꼭 선생님께서 주례를 맡아 주셔야 합니다."라고 하면서 사연을 말하는데 거절할 수가 없었다고 했다.

제자가 말하는 사연은 이렇다. 그 청년이 고1 때였다. 그 학생은 난생처음 집을 떠나 기숙사 생활을 하며 학교를 다녔는데 두어 달이 지나면서 집 생각이 났다. 더욱이 24시간을 기숙사와 학교의 규칙적인 생활에 맞추어 하는 게 적응하기가 힘들었다. 더구나 전문계고의 수업은 절반이 실습시간이라 몸은 항상 피곤했다. 점차 학습의욕도 저하되어갔다. 그러다 보니 수업시간마다 주의를 받거나 꾸중을 듣는 횟수가 늘어났다. 나날이 학교생활에 흥미를 잃어가면서 우울한 나날을 보내게 되었다.

그 학생은 결국은 자퇴를 결심하게 되었다. 자퇴하기로 결심을 한 그는 실습 시간마다 실습실에 가지 않았다. 그날도 3시간 실습시간을 참석하지 않아 담임선생님께 꾸중을 듣게 되었고 그 벌로 화장실 청소를 하게 되었다. 빗자루와 물 양동이를 들고 터덜터덜 화장실에 들어섰는데 낯선 광경을 만났다.

젊은 선생님 한 분이 맨손으로 열 칸이 넘는 화장실 칸칸마다 흩어진 휴지며 담배꽁초를 쓸어 담고 있었다. 그리고 양동이에 물을 받아 화장실마다 깨끗하게 물청소를 하는 것이었다. 그는 입구에 서서 그 선생님이 청소하는 모습을 지켜보고 있었다. 그 선생님은 한참을 왔다 갔다 하며 깨끗하게 물청소를 끝냈다. 그런 다음 이어서 손걸레로 벽이며 거울에 묻어 있는 물기를 말끔하게 닦으면서 그 학생에게도 걸레를 건네준 것이었다.

그 학생은 얼떨결에 걸레를 받아 들고 서 있었다. 그렇게 어리둥절한 모습으로 서 있는 학생에게 "이런 일을 더럽고 힘들다고 생각하나? 사회에 나가면 이보다 몇 백배 더 더럽고 힘든 일들이 많은데 이 정도를 못 참으면 사람 노릇 못한다." 고 했다. 그러면서 그 선생님은 땀으로 범벅이 된 얼굴을 들고 그를 향해 싱긋 웃었고, 그 순간 그 학생은 번개에 맞은 듯 전신에 전율을 느끼면서 정신이 번쩍 들었다. 그날 이후 그 학생은 자퇴할 마음이 바뀌게 되어 공부도 실습도 열심히 하게 되었고 힘들던 기숙사 생활도 잘 적응하게 되었다. 그리고 3년 후에 그는 우수한 성적으로 졸업하여 대기업체에 취업을 하였다. 사회생활을 하면서 그때 자신을 정신 차리게 해 주신 선생님을 찾아뵙고 인사를 드려야지 했는데 어느덧 결혼을 하게 되었노라고 고백을 하더란 것이다.

결혼식 준비를 하면서 주례 선생님을 어떤 분을 모실까 생각하다가 인생의 전환점을 만들어준 고마우신 선생님을 모시는 것이 뜻 깊은 주례라는 생각으로 남편을 직접 찾아온 것이었다. 그때서야 남편은 그날을 기억했고, 주례를 맡게 되었다.

남편은 그때 그 학생을 회고하면서 "몹시 마른 체형에 얼굴에는 그늘이 가득하고 어깨는 축 늘어뜨린 채 화장실 청소를 하러 왔던 학생, 청소용구를 들고 혼자 오는 학생은 틀림없이 벌 청소를 하러 오는 것임을 알았다"고 했다. 당시에 남편이 화장실을 종종 청소하면서 담배 피우는 학생들을 타이르고 벌 청소 하러 오는 학생들을 달래기도 했다. 한창 패기가 넘치는 젊은 시절에 직접 화장실 청소를 하면서 아이들을 돕고 싶었는데 그들에게 좋은 영향을 주었다는 것이 남편은 무엇보다도 행복하다고 했다.

남편은 생전 처음 주례 단상에 섰다. 신랑신부 앞에 얼굴 가득 미소를 머금고 서 있는 남편이 그 어느 때보다 행복해 보였다. 며칠 동안 주례사를 열심히 연습한 모습이 떠올랐다. 남편은 연습한 대로 주례를 잘 해냈다. 평소 굵직하면서도 부드러운 목소리, 안정 된 음성으로 주례사를 멋지게 끝을 맺자 박수가 터져 나오자 내가 박수를 받은 것처럼 쑥스럽고 몸둘 바를 모를 지경이었다.

기념 촬영을 마치고 우리는 식장을 나왔다. 식장 밖까지 신랑 친구들과 남편 제자인 청년들이 따라 나와 정중하게 배웅을 해 준 것도 고맙기 짝이 없었다. 우리는 집으로 오는 길에 한산섬에 들러 잠시 쉬었다 가기로 했다. 햇살 좋은 5월의 푸른 바다에 반짝이는 윤슬이 이제 막 출발하는 신혼부부에게 축복을 전하는 것만 같았다. 우리 부부는 모처럼 손을 잡고 아름다운 길을 천천히 걸었다. 항상 무슨 일인가를 하고 있어야 어울리는 남편의 두툼한 손이 그날따라 한없이 믿음직스러웠다. 푸른 바다를 그윽하게 바라보는 남편은 교육자로서 가장 큰 보람을 느끼는 날이었을 것이다. 새 양복에 말끔한 모습의 남편이 한없이 크게 보였다.

언제나 그립다

뉴스마다 혼 집, 혼 밥, 혼 술, 혼 잠, 혼 차, 등등 혼자 사는 시대를 이야기하기에 바쁘다. '나 홀로' 사는 세상에 아파트도 소형에서 다시 소형으로 줄여 짓는다고 한다. 이젠 자식 낳기는 필수가 아니라 선택이다. 자식을 위해 목숨을 아끼지 않는 시대는 케케묵은 옛날이 되고 말았다. 형제라는 말은 아예 먼 옛날 전설이 되었다고나 할까.

그 전설 같은 때를 생각한다. 9월의 끝자락이었다. 논산에 사는 넷째 동생이 다녀가겠다는 연락이 왔다. 박사 과정 공부를 하랴, 사회복지사 일을 하랴 나날이 바쁘게 살아가는 일상이라 전화통화도 조심스럽던 동생이었다. 뜬금없이 가을여행이 그리워 단 하루 시간을 비웠는데 막상 어디로 가야 할지를 몰라 고민하다가 해운대 큰언니에게(나) 가고 싶어졌다는 것이다. 넷째는 결혼하기 전 몇 년간 우리 집에서 나와 함께 생활한 적이 있었다. 동생은 식당을 두 곳에 벌려놓고 어린아이 둘을 키우느라 정신없이 바쁜 나를 도와주었다. 식당 한 곳을 맡아 하면서 친절하고 예쁜이모라는 평을 들었다. 그 덕에 인기가 많았다. 살면서 그 시절이 떠오를 때마다 기쁘고 고마웠다.

동생의 소중한 하루휴가를 어떻게 하면 즐겁게 보낼까? 하는 생각과 함께 마음이 들떴다. 머릿속에서는 벌써 상상이 시작되었다. 먼저 "부산역으로 마중을 나간 다음, 자갈치 시장으로 가서 부산 명물 꼼장어를 먹고, 국제시장 쇼핑을 하면서 남포동 구경을 하고, 해운대 우리 집으로 온다. 다음날 일찍 일어나 동백섬까지 산책을 한다. 온천탕에 목욕을 하고 아침을 먹는다. 휴식을 하며 그동안 지낸 이야기를 한다. 점심은 우암동에 사는 막내 동생과 같이 송정바다를 보면서 동생이 좋아하는 걸 찾아 먹는다. 커피 맛도 좋고 전망도 좋은 카페에 앉아 수다를 떤다." 등등이었다.

생각만 해도 마음이 설렜다. 드디어 동생이 대전에서 오후 KTX로 출발했다는 연락이 왔다. 나는 이미 생각해 놓은 대로 부산역으로 마중을 나가겠다고 했다. 그리고 자갈치 시장으로 가 꼼장어를 먹자고 했다. 그런데 동생은 내가 해주는 집밥이 먹고 싶다고 했다.

하는 수 없이 집에서 저녁식사 준비를 했다. 때마침 남편은 출장을 가고 없었다. 동생과 단둘이 먹을 찌개와 소박한 반찬들을 정성껏 마련했다. 구수한 숭늉까지 끓여놓고 돌아서자 동생이 집에 도착했다. 우린 오랜만에 만난 기쁨에 들떠 식사보다 만남의 기쁨에 취했다. 동생이 저녁을 먹은 다음 바닷가로 산책을 나가자고 했다. 동생과 가을 바닷가를 걸었다. 한가하게 가을 바닷가를 걷는다는 게 새삼스럽고 이상했다. 그동안 내가 팍팍한 생활을 한 탓이었다. 뜨거운 여름 백사장을 가득 채우던 수많은 인파는 사라져버렸고, 어깨동무를 하고 앉아 있는 커플들이 간간이 보였다. 파도는 푸념하듯 밀려왔다 밀려오기를 되풀이 했다.

날마다 시간에 쫓겨 바쁘게만 살아온 시간들이 어떤 의미로 남을까? 지금의 시간들은 미래의 나에게 어떤 가치를 부여해 줄까? 하는 생각을 하면서 사람들 표정을 살폈다. 모두 웃음을 담뿍 담고 있는 얼굴들이었다. 간혹 반바지에 반팔티셔

츠 차림으로 백사장을 달리는 사람들도 있었다. 애완견과 운동을 하는 사람들, 부부로 보이는 사람들, 친구들끼리 여행을 즐기며 사진을 찍는 팀도 있었다. 외국인들도 많았다. 동생은 셀카도 찍고 모래톱을 걸으며 어린아이처럼 신이 났다. 열심히 사진 찍기를 하다가, 신나는 통기타 연주에 맞춰 노래를 부르기도 했다. 나이 오십이 넘어가는 동생이 옛날 스물두 살 때 그대로였다.

동생은 정말 천진할 정도로 행복해 보였다. 해운대 바닷가가 그리웠다는 동생은 연신 사진을 찍으며 소녀처럼 즐거워했다. 사람은 나이가 들수록 추억이 그립다는 말은 맞는 말이었다. 인간에게 추억이 제공해 주는 것은 위대하리만치 가치가 있다는 것을 알 수 있었다. 예전에 동생과 나는 식당 일을 마치고 종종 바닷가로 나갔다. 그때만 해도 여름이 지나가고 나면 바닷가는 쓸쓸할 지경으로 한산했다. 우리는 해운대 백사장을 독차지 하고 달리기를 하고, 동백섬을 몇 바퀴씩 돌기도 하다가 주변 포장마차에서 홍합 한 대접을 사서 먹기도 했다. 밤이 깊어가는 검은 밤바다에 앉아 마시는 따끈한 홍합 국물 맛은 일품이었다.

다음날 아침 일찍 일어나 온천탕에 갔다. 동생은 온천은 역시 해운대라며 감탄했다. 점심때쯤 우암동에 사는 다섯째 막

내 동생을 불렀다. 넷째에게는 단 하나 밖에 없는 동생이었다. 삶의 현재와 과거, 셋이 어울려 쉴 새 없이 이야기를 하다 보니 한나절이 훌쩍 지나가고 말았다. 넷째는 다섯 째 막내에게 준비해 온 선물과 용돈을 주었다. 나는 반찬을 몇 가지 싸 주었다. 막내를 보내고 우리는 송정으로 갔다. 송정 바다는 언제 봐도 다정했다. 상가에 하나 둘씩 불이 켜지고 푸른 바다는 점점 검은 색으로 물들어가고 있었다. 바람도 냉기가 느껴졌다. 우리는 차안에 앉아 점점 어둠에 물들어 가는 바다를 바라보며 음악을 들었다.

"언니 우리 꼼장어 먹으러 가자"

그때서야 동생이 꼼장어 먹기를 제안했다. 내가 미리 상상해 놓았던 것이었다. 반가웠다. 나는 자갈치시장 대신 기장으로 가 꼼장어 맛집을 찾아갔다. 살아서 꿈틀대는 꼼장어를 동생은 누가 빼앗아 갈 새라 맛있게 먹었다.

다음날 동생은 새벽부터 일어나 떠날 채비를 서둘렀다. 할 일이 많다고 했다. 동생은 정말 즐거운 시간을 보냈다고 몇 번이나 고마워하더니, 언니가 있어 행복하다며 봉투를 내 주머니에 집어넣었다. 깜짝 놀라는 나에게 동생은 "그동안 언니에게 받기만 했는데 언니도 이제부터 내가 주는 것 받아 보라"고 했다. 솔직히 말해 받는 기쁨이 주는 기쁨보다 더 큰 것 같기도 했다. 그렇게 동생이 떠나고 혼자 남아 봉투를 열어 보았다. 신사임당이 그려진 5만원 권 두 장이 들어있고, 작은 메모지에 "우리 큰 언니 사랑해요"라는 예쁜 손 글씨 편지가 동봉되어 있었다. 정성껏 쓴 손 글씨가 가슴을 쳤다. 그만 울고 말았다.

한때는 몸이 아파 고생을 많이 한 동생이었다. 동생이 아기일 때 엄마는 큰 딸인 내 등에 업혔다. 아기를 내 등에 찰싹 붙이고는 포대기로 둘둘 말아 꽁꽁 묶어주었다. 나는 아기 업는 게 싫었다. 친구들과 놀고 싶어 꾀를 냈다. 친구 집 마당에 있는 감나무에 아기를 찰싹 붙여 포대기로 똘똘 감은 다음 꽁꽁 묶었다. 감나무에 묶여 있는 아기는 울지도 않고 우리가 고무줄놀이를 하며 부르는 노래 소리에 두 팔을 벌리며 옹알이를 했다. 실컷 놀다보면 젖 먹일 시간이 지나도 몰랐다. 나중에야 아기를 업고 집에 돌아가면 엄마는 젖이 퉁퉁 불어 있었다. 엄마는 된통 혼을 냈지만 나는 거의 매일 그런 식으로 동생 젖배를 굶겼다.

동생들이 어릴 때는 아이를 많이 낳았다는 이유로 엄마를 원망하기도 했었다. 그런데 어느덧 각자 쓸쓸해지기 시작한 것이다. 언제부턴가 형제가 더 있었으면 좋겠다는 생각이 든 것이다. 한 가지에 난 잎들, 혼 집, 혼 밥, 혼 술, 혼 잠, 혼 차 등등 세상이 '나 홀로' 세상으로 가고 있지만 우리 형제들은 백 번을 만나도 반갑고 그립고 아쉽기 짝이 없다.

겨울바다

다시 한 해가 저물고 나이 한 살을 더 먹으면서 겨울바다 앞에 섰다. 눈이 시릴 정도로 쟁명한 겨울 하늘아래 해운대 동백섬에는 붉은 동백꽃이 한창이다. 동백꽃을 보자 이모가 그립다. 어느새 눈에 눈물이 고이고, 눈물 고인 눈 속으로 동백꽃이 더 붉게 둥실 피어오른다. 산책을 나온 사람들이 천천히 걸으며 사색에 젖어 있다. 더러는 미래를 생각할 것이고 더러는 추억을 생각할 것이다. 나도 천천히 걸으며 추억 속으로 빠져들었다.

36년 전이다. 추억은 나이를 거꾸로 먹는다는 말대로 엇그

제처럼 새롭다. 그때도 겨울이었고 해운대 바닷가였다. 해변인데도 솔향기가 물씬 거리고 겨울 바다답지 않게 바다는 잔잔했다. 갯바위에는 낚시하는 사람들이 낚시를 즐기고 있었다. 그때 나는 고향인 충남 태안에서 부산으로 내려 온지 일년쯤 되던 해였다. 이모는 풍기에서 살다가 이모부 직장을 따라 해운대로 이사 온 지 2년차였다. 이모는 달맞이 언덕에 있는 아파트에 거주했는데 날마다 바다를 바라보면서 바다에 흠뻑 빠져버리고 말았다. 바다와 먼 풍기 사람이니 그럴 만도 했다.

어느 날 이모는 바다구경을 가자며 나를 해운대 바닷가로 인도했다. 미포였다. 이모는 "여기서부터 걸어서 동백섬에 가는 거다. 거기 가면 절세미인을 무색케 하는 겨울 꽃이 우릴 기다리고 있을 거야."라고 하며 목표를 동백섬으로 잡았다. 이모와 나는 미포에서부터 동백섬을 향해 백사장을 걸었다. 서로 팔짱을 꼭 끼고 겨울이지만 맨발로 백사장을 걸어 동백섬에 닿았다.

동백섬 산책로 길은 무척 거칠었다. 비포장 흙길이었다. 차를 탄 채 한 바퀴 도는 사람들도 있었다. 자동차가 들어왔다 나가고 나면 흙먼지가 안개처럼 피어올랐다. 우리는 친구처럼 다정하게 동백섬을 걸으며 붉게 피어 있는 동백꽃에 반했다. '절세미인을 무색케 하는 겨울 꽃'이 이거구나 싶었다. 이모는 마치 자기 고향 명물을 자랑하듯 "너 아직 이런 동백 본 적 없지?"라고 물으며 동백꽃을 선전하고 나섰다. 벌써부터 부산시민이라는 자부심이 대단했다. 엄밀히 따지자면 이모가 부산에 정착한 시간은 나보다 겨우 1년 선배인 셈이었다. 순간 "몸담고 살아가는 게 고향"이라는 생각이 들었다.

이모가 자랑한대로 해운대 동백섬 동백꽃은 역시 달랐다. 유난히 윤기 흐른 잎부터 다르려니와 거친 해풍도 범접치 못하는 동백꽃은 정경부인 같은 귀족의 풍모를 지녔다고 감탄했다. 이모는 "바로 그거야."라며 내 말에 기뻐했다. 그런데 생꽃들이 땅에 툭, 툭, 떨어지는 것이었다. 꽃들은 땅으로 떨어지면서도 하늘을 향해 똑바로 앉았다. 마치 땅에서 피어난 꽃 같았다. 우리는 걸음을 멈추고 땅에 떨어진 꽃을 바라보았다. 이모는 "이젠 땅 꽃이 된 거야."라고 했다. "땅 꽃?" 내가 의아한 표정을 지으며 물었다. "그러니까 높은 곳에서 살던 사람이 어느 날 느닷없이 낮은 곳으로 내려와 서민들과 어울려 사는 것과 같다고나 할까."

이모 말대로 동백꽃은 높은 나무에서 화려한 전성기를 얼마든지 더 누릴 수 있는데 모든 것을 초개처럼 버리고 아래로 떨어진 것이었다. 높은 곳에 앉아 명예와 권력을 놓지 못해 전전긍긍하는 사람들과 좋은 대조를 이룬다는 생각이 들었다.

우리는 몇 송이 동백꽃을 주워 들고 갯바위가 있는 곳으로 갔다. 인어동상이 보이는 갯바위에 걸터앉아 동백꽃에 대한 이야기를 나누었다. 이모는 동백꽃이 생 꽃으로 땅에 떨어지는 것은 검게 시들어버린 비참한 최후를 보이지 않으려는 고상한 자존심이라고 풀이했다. 그러면서 "나도 이렇게 살다 가면 좋겠다."라고 했다. 나도 거들었다. "젊은 여자는 아름다워야 하고, 나이 든 여자는 고상해야 한대요." 내가 좋아하는 어느 작가의 말을 옮긴 것이었다. "그래, 그거야. 고상함, 죽는 날까지 고상함을 잃지 않는 삶. 동백꽃처럼 말이야." 이모는 재미있다면서 소녀처럼 밝게 웃었다.

우리는 동백꽃 이야기를 하고, 바다에서는 파도가 쉼 없이 함박꽃을 피우고 있었다. "동백꽃뿐만 아니라 내가 저거에 반했지." 이모는 하얀 파도를 가리키며 부산에 온 걸 행운이라고 했다. 해운대에서 살아보니 여름엔 시원하고 겨울에는 따뜻해서 아이들 키우며 살기에 세계에서 최고일 거라고 극찬했다. 그렇더라도 부산에 친척이나 지인이 없어 외로울 때가 많다고 하소연을 하면서 대뜸 나에게 "빨리 결혼해 부산에서 나랑 같이 살자."라고 했다. 그때 나는 26세 꽃다운 미혼이었다.

이모의 바람대로 나는 부산 정착 4년 만에 우직하고 무뚝뚝해 보인 해운대 토박이 청년과 선을 봤다. 이모가 뛸 듯이 좋아했다. 나는 쉽사리 결정을 하지 못한 채 망설이고, 이모는 혹시라도 내가 퇴짜를 놓을까봐 조바심을 내며 "직업이 교사이니 밥 굶길 일은 없을 테고, 저렇게 우직해 보인 사람이 책임감이 강하다"면서 입이 닳도록 칭찬을 했다. 나는 결국 이모의 권유에 따라 결혼을 하게 되었고 이모와 함께 해운대에서 살게 되었다. 이모는 그때부터 친정엄마 역할을 하기 시작했다. 첫아이를 분만하러 병원에 갈 때도 멀리 계신 엄마 대신 친정 엄마 역할을 맡았다. 매일 매일 우리 집에 오셔서 아기 목욕을 시켜주었다. 딸아이 이름도 '은혜'라고 지어 주셨다. 오실 때마다 지극정성으로 축복기도를 해 주셨다.

이모는 세월이 갈수록 지치지도 않고 엄마 역할을 계속 했다. 내가 아이를 키우면서 사업을 해 보겠다고 일을 벌였을 때도 이모저모 살피면서 세심하게 도와주었다. 사업상 바쁜 일상에 쫓기는 내 대신 쇼핑이며 장거리를 도맡았다. 아기 옷과 내 옷을 사주기도 했다. 그때마다 내 마음에 쏙 드는 디자인을 잘도 골라 샀다. 그러다가 이모는 정작 살판이 났다. 고향에 계신 우리 부모님이 나이가 들어 농사일이 버거워지자 전답과 집을 전세 주고 부산으로 이사를 오신 것이다. 더욱이 엄마와 이모는 어려서부터 비둘기처럼 사이가 좋았던 탓에 이모는 기쁨을 주체하지 못했다. 날이면 날마다 이모와 엄마는 떨어질 줄 모른 채 행복해 했다. 두 분 다 교회생활을 하면서 봉사활동에 신바람이 났다.

그런데 인생이란 한 치 앞을 모른다고 하던가. 어느 날 느닷없이 이모가 쓰러지셨다는 연락을 받았다. 부들부들 떨며 응급실에 도착했을 때 이모는 벌써 천국으로 떠나버린 뒤였다. 뇌출혈이라고 했다. 하늘이 내려앉는 것 같은 충격이었다. 겨우 60세였다. 믿을 수가 없었다. 그날은 수요일이었고 우리 집에서 저녁 식사를 하고 수요예배에 참석하기 위해 교회로 바로 가신 날이었다. 수요예배를 마치고 집에 돌아와 쓰러졌다고 했다. 그날 식사를 하면서 이모가 재미있는 이야기를 해 모두 배꼽잡고 웃었던 기억이 영화 필름처럼 돌아갔다. "저녁 맛있게 잘 먹고 간다! 그럼, 내일 보자!"라고 명랑하게 인사를 하면서 활짝 웃고 나갔던 모습이 선했다.

이모의 마지막 인사 "그럼, 내일 보자!"라는 마지막 말이 귓가에서 쟁쟁거렸다. 이모가 없다는 현실을 인정 할 수가 없었다. 장점이 너무 많은 탓에 더 가슴이 아팠다. 고인이 된 이모에 대한 평가는 화려했다. 진실한 사람, 타인에 대한 배려와 사랑이 많은 사람, 자기 것 아끼지 않고 남에게 주는 사람, 지혜롭고 영리한 사람, 어디에서나 솔선수범을 보인 사람, 겸손하게 봉사하는 사람, 용모도 마음씨도 아름다운 사람, 등등 이모에 대한 평가는 인간으로서 최상의 것이었다.

이모에 대한 찬사는 모자라면 모자랐지 지나친 것이 결코 아니었다. 남들이 말한 대로 이모는 자신이 타인에게 베푼 것은 털끝만큼도 기억하지 않았다. 대신 남에게 받은 것은 털끝만한 것도 잊지 않고 기억하며 감사했다. 언젠가 이모와 이모부, 그리고 우리 부모님을 함께 해외여행을 보내드린 적이 있었다. 여행을 다녀오신 후 여행지에서 맛있게 먹었던 음식 이야기와 구경거리를 두고두고 말씀하셨다.

어질고 유덕했던 이모, 남모르게 어려운 사람들을 도와주려고 자기 것 아낌없이 내주었던 이모의 사랑은 동백꽃보다 더 붉었다. 얼굴도 동백꽃보다 예뻤다. 60세 나이보다 십년 아래로 젊어보였다. 아무리 생각해도 선하게 살려고 애쓴 이모가 갑자기 하늘나라로 떠나버렸다는 현실을 나로서는 인정하기 어려운 일이었다.

"이모야! 예쁜 이모야!"

나에게 겨울 추억을 남기고 떠나버린 이모를 불러보았다.

이모는 대답이 없고 동백섬엔 올 겨울에도 어김없이 동백꽃이 피었다. 툭, 동백꽃이 떨어졌다. 떨어진 동백꽃은 낮은 곳 땅 꽃으로도 아름답다. 땅에 떨어진 동백꽃 같은 최후를 소망했던 이모, 문득 아름답게 살다간 이모도 땅 꽃이었다는 생각이 든다.

시큰해지는 눈시울 너머로 바다 멀리 떠 있는 배들이 보인다. 오늘따라 더욱 고독해 보인다. 파도는 내가 서 있는 뭍을 향해 힘껏 날아보지만 제자리에 주저앉고 만다. 그것도 오늘따라 더욱 아파 보인다. 모든 게, 이 모든 게 그리운 탓이다.

결혼에 대하여

독립해서 혼자 사는 아들이 종종 집에 들러 저녁을 먹고 간다. 나이가 서른여섯 살이다. 올 때마다 장가 좀 가라고 재촉을 했다. 아직 연애도 못하느냐고 놀리기도 했다. 아들은 듣기가 거북했는지 집에 오는 횟수가 점점 줄어들었다. 주말마다 어김없이 오던 발길이 뜸해지기 시작했다. 대신 안부가 궁금해질 즈음이면 잘 지내고 있다는 간단한 안부를 전화로 전해주었다. 결혼 9년차인 딸은 딩크족이다. 딩크족은 결혼은 하지만 자녀 출산을 안 하는 부부이다. 아이가 없으니 나이가 사십이 되어도 이름을 부르게 된다. 그런 딸이 제 동생에게 결혼은 천천히 해도 된다며 충동질을 해댄다. 그럴 때면 부모인 나는 가슴에서 천불이 일어난다.

며칠 전에 아들이 전화를 했다. 주위에 아가씨들이 있는데 결혼을 생각하면 어떤 상대와 해야 하는 것인지 결정하기가 쉽지 않다는 것이었다. 아들은 여간해서는 속마음을 털어놓지 않는 성격인데 모처럼 그런 말을 한 것이었다. 역시 결혼에 대한 고민을 많이 한 모양이었다. 성격, 직업, 외모와 가정환경까지 꼼꼼하게 생각 중이라고 했다. 내가 해줄 수 있는 답은 하나였다. 네가 마음 편한 자리를 선택하는 것이 좋을 것이다. 복잡하게 생각하지 말고 단순해져 보라고 했다. 아들과 전화를 끊고 나는 잠시 옛날 생각에 잠겼다.

40여 년 전 나는 선택의 기로에서 고민을 하고 있었다. 결혼을 하는 것이 맞는 건지 그냥 혼자 사는 것이 좋은지 많은 생각으로 밤잠을 설치는 날들이 늘어갔다. 고향 친구들은 모두 결혼을 해 아이까지 낳아 명절이 되면 친정에 오는 것이었다. 그 시절에는 22세에서 25세가 결혼 적령기였다. 그런데 나는 27세가 넘어가고 있었으니 명절에 집에 가면 어머니는 나를 보고 귀신이라도 보는 것 같다고 하셨다. 과년한 딸을 보는 부모의 마음은 얼마나 무겁고 답답하셨을까. 열아홉

부터 스물셋의 꽃 같은 나이에 결핵을 앓았고 병 치료를 하는 등 살다보니 혼기를 넘기고 말았다. 나는 수녀가 되고 싶었다. 이유는 간단했다. 독한 병을 앓았던 나는 건강을 잃은 사람들의 마음을 이해할 수 있었다. 그래서 수녀가 되어 평생을 아픈 사람들을 돌보며 살고 싶었다.

그 무렵이었다. 대학생이 된 남동생이 나에게 고등학교 때 자기 학교에 총각 선생님이 있었는데 성실하고 좋은 사람이라고 했다. 동생이 무척 좋아했던 선생님인데 대학교 입학하면 누나 소개해 주겠노라고 약속을 했다며 지나가는 말처럼 슬쩍 흘렸고 나는 듣는 둥 마는 둥 하고 말았다. 남동생이 그런 말을 하고난 다음, 한 달쯤 지났을 때였다. 다급한 목소리로 남동생이 전화를 했다. 해운대 어느 술집에 술값 때문에 붙잡혀 있다고 했다. 친구들과 어울려 술을 마셨는데 일행들 주머니를 다 털어도 돈이 모자라 해운대에 사는 내 동생이 나머지 금액을 책임지기로 했다면서, 돈 좀 갖고 술집으로 빨리 와 달라고 했다.

나는 외출복으로 옷을 갈아입을 새도 없이 집에서 입은 옷 그대로에 슬리퍼를 신은 채 부랴부랴 버스를 타고 동생이 있는 곳으로 달려갔다. 동생은 큰길에 나와 있었다. 그런데 이상한 것은 분명 술을 먹고 술값이 모자란다고 했는데 동생에게서는 전혀 술 냄새가 나지 않았다. 술 냄새는커녕 또랑또랑하고 맑고 단정한 표정이었다. 또 남동생이 나를 데리고 들어간 곳도 술집이 아니라 다방이었다.

동생을 따라 들어선 다방에서 더 황당한 일이 벌어졌다. 동생은 나를 한 테이블로 데리고 갔다. 거기에는 짧은 머리에 다부져 보이는 인상의 남자가 앉아 있었다. 뭐가 뭔지 몰라 나는 머뭇거리고, 동생은 그 남자에게 인사를 했다. 그때 남자가 벌떡 일어나면서 나를 향해 정중하게 인사를 하더니 맞은편 의자를 권했다. 몹시 당황한 나는 무슨 일인지 감이 잡히지 않았다. 그때 동생이 남자에게 말했다. "저는 이만 가보겠습니다. 선생님, 좋은 시간 보내십시오."라고 한 것이었다. 순간 한 달쯤 전에 했던 동생의 말이 머리에 스쳤다. 순간 민낯에 집에서 입는 옷에 슬리퍼를 신은 내 모습이 초라하여 당장 도망치고 싶은 심정뿐이었다. 동생은 그런 나를 향해 눈을 찡끗하고 웃으며 가버리고 말았다.

나는 "이 녀석 집에 가면 가만 안 둘 거야,"라고 하면서도 겉으로는 태연한 척하며 의자에 앉았다. 동생 입장을 생각해서 5분만 있다 갈 생각이었다. 그런데 내가 앉자마자 남자는 굵직한 저음의 목소리로 자기 이름을 밝히면서 정식으로 인사를 했다. 그러면서 놀라게 해서 미안하다고 했다. 사과의 의미로 맛있는 저녁을 사겠다며 나가자고 했다. 깍듯이 예의를 갖추는 태도에 나도 모르게 따라나섰다.

그를 따라 바로 옆 건물에 있는 식당으로 들어갔다. 미리 예약이 되어 있었는지 테이블에는 이미 여러 가지 반찬들이 세팅 되어 있고 불고기가 익고 있었다. 나는 이번에도 어리둥절한 표정으로 앉아 있었다. 그는 동생에게 물어보니 내가 고기를 좋아한다고 해서 미리 식당에 주문을 해 놓았다고 했다. 마음 편하게 식사하자면서 수저를 건네주었다. 나는 졸지에 생면부지 낯선 남자와 밥을 먹는 상황이 벌어졌다. 나는 그가 건네준 수저를 든 채 가만히 있었다. 그런 나를 쳐다보더니 불고기를 젓가락으로 가득 집어 내 밥그릇에 올려놓는 것이었다. 나는 깜짝 놀라며 밥그릇을 손으로 가렸다.

하는 수없이 밥을 약간 먹고 수저를 놓고 물을 마시는데 그가 왜 밥을 남기느냐며 내 밥을 가져가더니 국에 말아 먹는 것이었다. 나는 더욱 놀라 하마터면 들고 있는 물을 쏟을 뻔했다. 그는 점심 먹을 시간을 놓쳤다면서 웃었다. 그가 웃는 모습이 순박해 보였다. 그렇더라도 나는 이해하기 힘들었다. 어떻게 처음 만난 여성과 밥을 먹으면서 여성이 남긴 밥을 가져다가 아무렇지도 않게 먹을 수 있을까?

그는 밥을 다 먹은 후에 나가자고 했다. 나는 이제 집으로 가면 되겠다는 생각을 하고 있는데 잠시 할 얘기가 있으니 바닷가로 나가 산책을 하면 어떻겠느냐고 하더니 내가 대답도 하기 전에 앞장서서 걸었다. 바닷가까지는 걸어서 5분 정도의 거리였다. 모래밭으로 내려갔다. 그는 어디선가 빈 박스를 가지고 와 그걸 펼쳐 모래밭에 깔더니 나에게 앉으라고 했다. 숙녀를 배려할 줄 아는 남자라는 생각이 들었다.

그는 계속 나를 위하여 봉사를 아끼지 않았다. 내가 앉아 있는 주변에 빈 맥주 캔과 아이스크림 껍데기, 음료수 캔 등 쓰레기가 널려 있었다. 그는 그것들을 주워 모아 한곳으로 정리했다. 나는 순간 여왕이 된 기분이었다. 잠시 후에 내 옆에 앉은 그는 자기네 집안 이야기를 하기 시작했다. 3남 2녀 중 막내이며 형님 두 분과 누님 두 분은 모두 결혼을 했고, 자기는 현재 부모님과 함께 살고 있으며 해운대 토박이라고 했다. 직업은 고등학교 교사라고 했다. 그밖에 형제들의 이야기와 장래 계획을 자세하게 말했다.

나는 묵묵히 듣고만 있고 그가 말하는 도중에 장사하는 아주머니들이 바구니에 캔 맥주와 마른오징어와 견과류를 갖고 다니며 백사장에 앉아있는 커플들에게 다가가 강매를 하다시피 팔고 있었다. 아주머니들이 우리에게도 다가왔다. 그러자 그는 모아 놓은 빈 맥주 캔을 들어 올리며 흔들어 보였다. 아주머니들은 이미 사먹은 걸로 알고 말도 붙이지 못한 채 돌아가고 말았다. 그렇게 아주머니 몇 사람을 돌려보내고 나자 이번에는 아이스크림 통을 어깨에 멘 남자들이 등장했다. 그는 이번에도 아이스크림 껍데기를 들어 보이며 먹었다고 했다. 나는 웃음이 나와 참을 수가 없었다. 뛰는 놈 위에 나는 놈이 있다는 말이 생각나 자꾸만 웃음이 나왔다. 그렇게 시간이 흘러 어느덧 11시가 넘어가고 있었다. 그때는 밤 12시부터 새벽 4시까지 통행금지였다. 우리는 가까운 버스정류장으로 가서 내가 먼저 버스를 타고 집으로 왔다. 그는 아쉬운 표정으로 버스를 쳐다보고 있었다.

그렇게 시작된 만남은 2년이 넘게 이어졌고 나는 변함없는 그의 과묵함과 성실함에 높은 점수를 주었다. 1981년 1월에 우리는 결혼하여 가정을 꾸렸다. 결혼한 후에 알고 보니 남편은 내 동생을 통해 우리 집 호구 조사는 물론 나의 시시콜콜한 습관과 성격까지 다 파악한 후에 정식으로 만났고 그것도 기습하듯 민낯으로 첫인사를 하게 했던 것이 모두 작전이었다. 그런데도 동갑인 우리는 서로 기 싸움을 하느라 하찮은 일에도 예민한 반응을 보였다. 그러나 서로의 부족함을 보완해 가면서 살다 보니 어느덧 40년의 세월이 흘러갔다. 이제는 숨소리만 들어도 컨디션이 어떤지 알 수 있다. 목소리만 들어도 기분을 알고 식성과 생활습관을 너무도 잘 알기에 잔소리도 하고 칭찬도 하면서 살아가는 것이다.

우리는 모두 부족한 인간이기에 결혼은 서로 부족한 부분을 보완해 가면서 함께하는 가족이다. 지금 결혼 고민을 하는 아들은 당시 우리 나이보다 훨씬 많다. 그만큼 생각도 많을 것이며 나름대로의 조건도 있을 것이다. 하지만 결혼을 한다는 것은 나를 내어주는 것이지 상대를 내 것으로 만드는 것이 아니라는 것을 명심했으면 좋겠다. 요즘 젊은이들은 결혼이 필수가 아니라 선택이라는 세대이다. 나는 아들이 지혜로운 선택으로 좋은 동반자를 만나 잘 살기를 바라는 보통 어머니이다.

3부

고독한, 너무나 고독한

가을 하늘은 푸른 바다를 닮았다. 감나무 밑에 서서 하늘을 올려다보면 탄성이 저절로 나온다. 붉게 잘 익은 감들과 윤기 자르르 흐르는 초록의 감잎 사이사이로 보이는 하늘은 눈이 부시다. 세상에 어떤 화가가 저렇게 눈부신 그림을 그려낼 수 있을까.

그날도 그런 날이었다. 무덥던 여름이 미련을 버린 듯 훌쩍 가고 난 뒤 선선한 바람과 적당한 햇빛이 반가웠던 때였다. 우리 부부가 농장 감 밭에서 일을 하고 있으면 "아이고 왔능교?"하시며 반가워하시던 할머니가 한나절이 다 되도록 아무런 기척이 없었다. 우리는 궁금했지만 어서 일을 마무리하고 부산으로 돌아가야 했다. 오후에도 일을 계속했다.

해가 저물 무렵, 할머니 집 이웃에 사는 아저씨가 밭일을 끝내고 집으로 가던 길에 우리 농장에 들렀다. 아저씨는 늘 그렇게 우리 농장에 들러 마을 소식을 전해 주고는 했는데 그 날은 근심어린 표정으로 입을 열었다. 할머니가 갑자기 많이 편찮아지셔서 아들이 모시고 큰 병원에 갔는데 정밀 검사를 하기 위해 입원했다는 것이었다. 우리는 큰 병이 아니기를 빌며 일을 마치고 집으로 돌아왔다.

그 후 열흘쯤 지나 농장에 갔다. 우리는 할머니 안부가 궁금하여 먼저 할머니 댁에 들렀다. 눈이 퀭하게 들어간 할머니는 여전히 반갑게 맞아 주셨다. 검사 결과는 어떻게 되었느냐고 했더니 며칠 기다려야 한다고 했다. 할머니는 기운이 하나도 없어 보이는 몸으로 우리가 일하는 동안 우리가 잘 보이는 곳에 앉아 있었다. 한참을 일하다가 보면 여전히 앉아 있는 게 마음이 쓰여 방으로 들어가시라고 했다.

그러자 할머니는 "방에 들어가 봐야 혼잔데"라고 하시면서 천천히 자리를 떴다. 그 후에 차츰 회복을 하게 되어 지팡이를 짚고 우리 농장에 내려와 안부도 묻곤 했다. 할머니는 반질한 머리에 쪽을 지운 단정한 모습이었다. 말은 별로 안 해도 혼자 적적하다가 우리가 가면 이웃에 사람 소리가 나고 밤에 전깃불이 환하게 켜있어서 사람 사는 것 같다며 무척 좋아했다.

농장이 있는 동네는 저수지를 사이에 두고 아랫동네와 윗동네로 나뉘는데 거리가 거의 1km 떨어져 있다. 아랫동네는 육십여 호 가구가 살고 윗동네는 여덟 가구가 살고 있다. 행정구역으로는 경남 의령군 의령읍이지만 산으로 휘둘러진 전형적인 산골마을이다. 여덟 가구 중에 할아버지는 한 분만 살아계시고 팔순의 할머니들이 홀로 사시는 일명 독거노인 촌인 셈이다. 부산에 사는 우리가 처음 마을에 왔을 때만 해도 여덟 분 할머니들이 경로당에 모여 함께 노시곤 하셨다. 그런데 한 해 한 해 시간이 지나면서 요양병원이나 요양원으로 삶의 거처를 옮기면서 다섯 분이 마을에 계신데, 밤에도 집으로 가지 않고 경로당에서 함께 잠을 잘 때가 많다고 했다.

우리 감 밭 옆집 할머니는 우리가 다시 갔을 때는 결국 대장암이 발견되어 수술을 하기 위해 병원에 입원한 상태였다. 그리고 그해 가을이 다 가고 겨울도 지나 봄볕이 제법 따스한 주말에 우리는 봄 농사를 위해 농장에 갔다. 고추, 가지, 오이 등등의 모종을 심고 물을 주는데 우리를 부르는 할머니 목소리가 들렸다. 홀쭉해진 얼굴에 볼우물이 패이도록 환하게 웃으시며 반가워했다. 우리도 반가움에 잠시 일손을 놓고 할머니 댁으로 올라갔다. 몇 달 만에 보는 할머니는 많이 수척해지셨고 힘이 없어 보였다. 대장암 수술을 받고 그동안 아들 집에서 요양을 하며 잘 지냈는데 날씨도 따뜻해지고 몸도 어느 정도 회복이 되자 살던 집이 그리워 돌아왔다고 했다.

할머니는 집에서 통원 치료를 하면서 여름이 가고 찬바람이 불 때 쯤에 상태가 안 좋아지셔서 다시 병원에 입원을 했다. 그리고 대봉감이 붉게 물들어 가고 단풍이 짙어 갈 무렵에 집에 와 계셨다. 우리는 가을걷이를 하러 주말마다 농장에 갔다. 그날은 감을 수확하는 날이었다. 쾌청한 하늘을 향해 쭉쭉 뻗은 가지마다 붉은 감들이 주렁주렁 달린 감밭 풍경은 그림 같았다. 수확을 시작하기 전에 핸드폰을 들고 밭으로 가 사진을 찍었다. 햇살이 활짝 퍼지고 이슬이 마르자 본격적으로 감을 따기 시작했다.

한참을 일하고 있는데 할머니가 마당에 서서 내려다보면서 홍시가 있는가 물으셨다. 나는 금세 장대를 들고 감나무를 올려다보며 홍시를 찾았다. 아직은 때가 이른 탓에 좀처럼 홍시가 눈에 띄지 않았다. 한참을 그렇게 헤매며 겨우 홍시 대여섯 개를 따서 바구니에 담아 드리러 갔더니 마침 딸들이 와 있었다. “엄마한테 말씀 많이 들었습니다.”라고 인사를 하면서 고맙다고 했다. 나는 할머니께 홍시를 드리면서 다음번에 딸 때는 홍시가 더 나올 거라며 그때는 더 많이 드릴 테니 하루 속히 건강 회복하시라고 위로 해 드렸다.

그런데 그다음 주말에 갔을 때 할머니는 집에 안 계셨다. 상태가 나빠져 병원에 다시 입원했다는 소식이었다. 그리고 그해 겨울이 다 가도록 할머니는 집에 돌아오지 않았다.

새봄이 오고 꽃이 만발한 봄날 농장에 갔더니 며칠 전에 할머니가 돌아가셔서 초상을 치렀다고 했다. 손에서 힘이 풀렸다. 밤이 되어도 잠이 오지 않고 가슴이 먹먹했다. 할머니의 목소리가 들리는 것도 같고 웃으시던 모습이 눈앞에서 어른거렸다.

그렇게 허전하게 봄이 가고 여름도 가고 다시 가을이 되었다. 여전히 감 밭에는 대봉감이 주렁주렁 달려 붉게 익어갔다. 드디어 감을 수확하기로 한 주말이 되었다. 온 가족이 감을 따러 농장에 갔다. 감 밭에 가면 할머니가 나와 계셨는데 이젠 까마귀 떼만 까악까악 짖어댔다. 감나무 꼭대기에는 홍시들이 많았다. 장대를 들고 따 내려 보면 영락없이 새가 쪼아 먹었다. 단맛을 기가 막히게 아는 놈들이다. 사과도 배도 단물이 들면 콕콕 쪼아 먹어서 우리는 반 밖에 수확을 못했다.

할머니가 감 밭 옆에 사실 때는 우리가 없어도 새들을 쫓아 내 주셨는데 이제는 새들의 세상이 된 것이다. 감 수확 할 때는 농사가 잘 되었다고 멀리서 다니며 고생했다고 칭찬도 많이 해 주셨다. 푸른 하늘을 보며 마음속으로 "할머니, 그곳에서 이제 평안하신가요?"라고 안부를 물었다. 가을 하늘은 눈이 부시고 가을은 한없이 찬란하지만 이제 할머니 집은 텅 비어 있고 밤에도 캄캄하다.

그것은 살아 있음의 증거였다

그는 잠시도 가만히 앉아 있을 때가 없었다. 무슨 일인가를 하고 있든지, 아니면 바쁜 걸음으로 다녔다. 뒷짐을 진, 손에는 빈 비료포대가 들려 있을 때가 많았다. 작달막한 키에 항상 흰 고무신을 신었다. 옷도 제대로 갖춰 입는 것을 본 사람이 없다고 했다. 여름에는 모시 적삼을 걸쳤으나 앞자락을 제대로 여미지 않아 걸음을 조금만 빨리 걸어도 펄럭거렸다. 겨울이 와도 헐렁한 점퍼에 단추나 지퍼를 반쯤만 올리고 다닌 탓에 속옷이 보였다. 춥지 않으냐? 옷 단추를 채우면 덜 춥다고 말하면, 요즘 겨울 날씨는 옛날에 비하면 추운 것도 아니라며 듣지 않았다. 그는 우리 농장이 있는 마을 여덟 가구 중에 유일하게 한 분밖에 없는 할아버지시다(다른 집들은 할머니 혼자 살고 있었다).

처음에는 할아버지 할머니 그리고 손자 내외와 어린 증손녀까지 다섯 식구가 함께 살았다. 손자 내외는 직장생활을 하고 어린 증손녀는 할머니가 돌보고 할아버지는 집 앞 저수지 인근에 있는 천여 평의 논과 집 주변에 있는 밭농사를 지었다.

주말에는 손자가 할아버지를 거들어 밭일이나 논일을 할 때도 있었으나 대부분 할아버지 혼자 일을 했다. 논일은 경운기나 트랙터를 이용해서 하고 모내기 뒤의 뜬 모 작업할 때나 모가 자리를 잡고 한참 자랄 즈음에 잡초도 같이 크는데 그중에 피가 가장 많이 생겨나게 되고, 피를 뽑는 작업을 피사리라고 한다. 할아버지는 힘든 피사리도 혼자 했다.

가을이 되면 벼 이삭이 나오고 이삭들이 여물어 갈 즈음에는 논에 새떼들이 들끓었다. 할아버지는 논 옆 전봇대에 빈 양철통을 매달아 놓고 막대기로 두들기며 훠어이, 훠어이, 하며 아침저녁으로 외쳤다. 며칠간 계속할 때는 목이 쉬어 소리가 나오지 않았다. 그럴 때는 힘껏 양철통을 두드렸다. 초록 융단 같던 논이 점점 누렇게 물들어가면서 드디어 논이 황금물결을 이루기 시작하면 벼를 수확하게 된다. 그때까지 할아버지의 새떼 쫓는 일은 쉬지 않았다. 그 마을은 산과 접해 있어 유난히 새가 많은 곳이다.

가을걷이가 끝나고 마른 잎들이 뒹구는 겨울이 되면 할아버지는 종종 논둑과 밭둑에 불을 놓았다. 빈 비료포대나 비닐을 돌돌 말아 가져다가 라이터로 불을 붙이면 순식간에 불이 일어났다. 그걸 밭둑이나 논둑의 마른 잎에 갖다 대면 활활 잘도 타 들어갔다. 들불이라는 게 이런 거구나 싶었다. 할아버지는 그렇게 들에 불을 질러 태우면서 겨울을 보내고 초봄까지도 논둑이나 밭둑 태우는 일을 계속했다.

그러다 위험을 모면한 적도 있었다. 한 번은 할아버지가 불을 붙여 놓은 논둑을 깜박하셨는지 불을 지키지 않았다. 불은 슬금슬금 산으로 기어들어가 나무로 올라갔다. 산불 감시원이 연기가 나는 것을 급히 신고를 했고 소방차가 출동을 했다. 다행히 불길을 잡았으나 할아버지는 경찰 조사를 받아야 했고 벌금을 물어야 했다. 그것은 시골 작은 마을에서 크고 중차대한 뉴스거리가 되었다. 그 일로 할아버지는 경찰에 붙들려 갔다는 의미로 '불돌이 할배'라는 별명을 얻게 되었다. 그런데 그 별명이 이름값을 하는 건지 할아버지는 그 다음해 겨울에 또 다시 같은 실수를 하고 말았다. 그때도 소방차가 출동하는 소동을 일으켰다.

전과가 있는 할아버지는 소방교육도 받아야 했고 벌금도 가중되어 더 많이 물어야 했다. 결국 손자가 우리에게 할아버지가 불을 놓으러 가는걸 보면 제발 말려 달라는 부탁을 했다. 그러나 불돌이 할배의 실수는 해마다 되풀이 되었고 우리는 농장 주변 산불 감시를 강화해야 했다. 하루에도 몇 차례나 봉고차가 방송으로 산불조심을 강조하며 순회를 했다. 손자는 결국 할아버지에게 농사일을 손 놓게 했다. 논을 반으로 나누어 절반은 손자가 직접 밭농사로 바꾸어 고추농사를 시작했고 나머지 절반은 친척이 콩을 심었다.

한편 우리는 논이 사라진 것이 아쉬웠다. 봄이 되면 낮이고 밤이고 정겹게 들려오던 개구리들의 합창 소리가 사라졌고 봄과 여름 논의 초록 융단과 가을이 되면 바람에 일렁이는 황금물결을 볼 수 없었기 때문이었다. 그 무렵 할아버지 손자는 하나뿐인 딸아이를 유치원에 보내야 한다면서 읍내에 있는 아파트로 이사를 갔다. 졸지에 할아버지와 할머니 두 분만이 사시게 되었다. 손자는 주말마다 다니며 할아버지 밭에 하우스를 짓고 고추모종을 키웠다.

그리고 어느 주말, 할아버지에게 큰 목소리로 화를 내는 손자의 음성이 들렸다. 할아버지가 저녁에 하우스에 들어가 고추 모종에 물을 주고 출입문을 닫지 않아 밤사이 냉기가 들어가 입구 쪽에 있는 어린 모종들이 냉해로 못쓰게 된 탓이었다. 사건은 계속 이어졌다. 봄이 되었다. 직장 일이 바쁜 손자는 주말마다 모종을 밭에 옮겨 심었다. 팔백여 포기를 이식하고 저녁마다 퇴근길에 들러 줄을 매어주며 곁순도 따주고 물도 주었다. 올 때마다 반찬과 김치 등을 가져오는 손자에게 할아버지는 고추농사는 이렇게 해야 한다 저렇게 해야 한다는 등 참견과 잔소리를 했다.

그러나 손자의 그해 가을 고추 농사는 형편없었다. 더군다나 고추 값도 헐값이었다. 실망이 컸던 손자는 다음해에 밭을 다른 사람에게 세를 주었다. 자연히 손자가 할아버지 댁에 왕래하는 횟수가 줄어들었다. 할아버지는 달이 갈수록 정신이 없어져 혼잣말을 중얼거리면서 다닐 때도 있었다. 우리가 밭에서 일을 하고 있을 때면 특유의 빠른 걸음으로 달려 와, 이번에는 어떤 일을 하려느냐고 묻기도 하고, 이번 주에 감나무 약을 줘야 한다고 일러 주시기도 했다.

아랫동네 감 농사 많이 하는 집들은 지난번에 다 약 주더라 하시면서 우리 농장에 관심을 보였다. 가을이 되면 할아버지네 밤나무에 밤송이들이 알밤을 가득 물고 입을 벌리면 우리에게 밤나무 흔들어서 알밤을 주워가라고 하면서 밭에서 묵은 도라지를 캐어 들고 오기도 했다. 그러더니 언제부턴가 바깥출입을 통 안하셨다. 편찮으신 것도 아니라는데 안부가 궁금해 고기와 두유를 사들고 가 보면 누구냐고 물으며 멀뚱히 바라보기만 할 뿐이었다. 할머니 말씀에 할아버지 치매가 심해졌다며 한숨을 쉬었다. 팔십대 중반을 넘긴 연세였다.

그 후에 얼마 지나지 않아 할아버지는 아궁이에 시도 때도 없이 불을 피우신다는 것이었다. 가마솥에 물이 있는지 없는지 아랑곳하지 않고 불을 지피는데 매일 감시할 수도 없어 하는 수 없이 요양원으로 거처를 옮기고 말았다.

할아버지는 왜 불 피우는 것을 즐겨하셨을까? 밭둑이나 논둑에 불을 붙이고 다니신 것도 치매 증상 때문이었을 것이라는 생각이 들었다. 할머니는 요양보호사가 집으로 오고 따님들도 번갈아 다녀간다고 했다. 그렇게 가을이 가고 연말이 얼마 남지 않은 날이었다. 손자에게서 할아버지가 돌아가셨다는 부고를 받았다. 작은 체구에 빠른 걸음으로 다니던 할아버지 모습이 더욱 인생의 허무함을 느끼게 만들었다. 우리가 땀을 뻘뻘 흘리면서 일을 하는 걸 볼 때마다 쉬면서 해야지 안 그러면 몸 버린다고 걱정을 하시던 분이었다.

다시 봄이 지나고 여름이 시작되었다. 이제 할아버지는 저수지 옆 할아버지 밭에 누워 계신다. 손자는 할아버지가 평생 가꾸시던 할아버지 밭에 산소를 넓게 만들어 모셨다. 그 옆에는 늘 함께 지내신 할머니도 잠들어 계신다. 할아버지가 돌아가시고 얼마 지나지 않아 할머니도 지병이 악화되어 병원에 며칠 입원해 계시다가 돌아가셨다. 산소는 할아버지가 사시던 집에서도 빤히 보일 뿐만 아니라 우리 밭에서도 잘 보이는 양지바른 곳이다. 그래서 일을 하다가 쉴 때마다 바라보게 된다. 할아버지는 하늘을 바라보며 편안하게 계실 것이다. 바쁜 걸음도 그치고, 논둑 밭둑에 불 지르는 일도 그만두고 할아버지는 하늘의 구름과 벗하여 평화롭게 잠들어 계시고, 새파란 가을 하늘에는 하얀 구름이 마치 인생을 은유하듯이 갖가지 꽃을 만들며 떠돌고 있다.

햇살처럼 따스한 사람은 못 되더라도

전지가위를 든 손에 힘을 잔뜩 주고 사정없이 가지를 잘라 버렸다. 수평을 맞춘다거나 키를 낮추는 작업이 아니었다. 무작정 옆에 있는 어린 감나무에 그늘이 지는 것이면 모두 잘라 버리는 것이다. 7년째 크고 있는 세 그루 나무들이 그들이다. 우리 부부는 그 세 그루 나무 이름도 몰랐다. 해마다 가지는 무성하게 자랐지만 꽃도 피우지 않았고 열매도 없었다. 사람들에게 물어봐도 나무 이름을 아는 사람이 없었다. 이름이 무엇이든지간에 꽃이나 열매를 보면 좋겠는데 답답했다.

우리가 처음 밭을 살 때 밭주인 할아버지 하시는 말씀이 '3

년 전에 석류나무 세 그루를 심었는데 내년부터는 석류가 열리기 시작할 것이니 퇴비를 많이 주라'고 했다. 할아버지가 시키는 대로 퇴비를 많이 주었지만 아무것도 열리지 않았다. 할아버지 말씀대로하면 석류나무일 텐데 마을 사람들 아무도 나무 이름을 알 수 없다며 고개를 갸웃거렸다. 지난해에는 혹시 꽃이라고 피겠지 하고 기대했건만 아무 소식 없이 그냥 넘어가고 말았다. 그렇게 7년이 흘러갔다.

지겨워진 남편은 올봄에 나무들을 모두 잘라버리려고 했다. 나는 1년만 더 기다려보자며 말렸다. 남편은 내가 만류한 탓에 하는 수 없이 참으며 이름 모를 나무들 사이사이에 감나무(대봉)를 심었다. 그리고 6월이 되었다. 이름 모를 나무들은 여전히 잎만 무성한 채 옆에서 겨우 새순을 내고 있는 어린 감나무에게 가는 햇빛을 차단하고 있었다. 어린 감나무 새순을 볼 때마다 우리는 속이 상했다. 어린잎들이 햇빛을 받아먹어야 할 텐데 이름 모를 나무들이 만들어준 그늘에 고스란히 덮여 있었다.

이름 모를 나무들이 미웠다. 전지가위로 감나무에 그늘이 되는 가지들을 사정없이 잘라냈다. 나무 밑에는 가지들이 수북하게 쌓였다. 잘려나간 가지를 보자 문득 인간의 삶도 이래서는 안 된다는 생각이 들었다. 꽃도 열매도 없는 이름 모를 나무처럼 누군가에게 그늘을 주며 살아서는 안 된다는 생각 끝에 나야말로 이 나무처럼 살지는 않은지, 하는 두려움이 밀려왔다. 무엇보다도 신앙생활에 있어서 주님의 눈으로 보실 때 꽃도 열매도 없이 잎만 청청하게 자라면서 그것으로 남에게 그늘을 만들어주는 존재는 아닌지에 대하여 생각한 것이다.

이름 모를 나무의 가지들을 모두 잘라내고 어린 감나무에 햇살을 골고루 받을 수 있게 해주었다. 그러자 어린 감나무에서 갓 피어난 연초록 잎들이 햇살을 받아 점점 짙은 초록으로 변해가기 시작했다. 대신 가지들이 잘려나간 이름 모를 나무들은 초라한 모습을 하고 있었다. 불쌍해 보였다. 우리 부부는 올 가을만 더 지켜보다가 꽃도 피지 않으면 파내어 버리기로 했다. 어려서 부모님들이 "어디에서나 꼭 필요한 사람, 없어서는 안 될 사람이 되어야 한다"고 가르치시던 말씀이 더욱 새로웠다. "햇살처럼 따스한 사람은 못되더라도 남에게 그늘을 드리우는 사람은 되지 말아야 한다."고 가르치시던 말씀을 떠올리면서 잘린 가지들을 주워 모았다. 가지들은 오늘 밤에 불 속으로 던져 태울 작정이다.

잔디밭의 그들

초록이 짙어가는 5월이었다. 나무마다 새잎을 달고 반질반질한 기름칠을 하고 태양 빛에 반짝거리는 계절 좋은 5월. 새벽부터 달려온 농장에는 일손을 기다리는 곳곳에 손이 가는 일이 종일 끝이 없었다. 작년 봄에 심은 포도나무 네 그루가 겨울을 지내면서 얼어 죽었는지 싹을 틔우지 않고 있는 것들을 파내고 새로 구입한 포도나무를 심었다. 남편은 나무를 둘러보며 풀도 뽑고 보호대를 세워주기에 바빴다. 지난번 고추밭에 풀을 뽑아주고 이웃집 할아버지 댁에서 볏짚을 얻어다 덮어주었는데 이번에는 풀이 별로 없었다. 그래도 고추 모종마다 곁순 따고 고랑에 나 있는 풀들을 뽑자니 힘이 들었다. 호박 오이 가지들도 곁순을 일일이 따 주었다. 작년에 곁순을 그대로 두었다가 실패했던 것을 경험으로 올해는 꼼꼼하게 챙겼다.

처음 가꾸어보는 토란 밭이 문제였다. 비닐을 덮을 때 검정 비닐을 했어야 옳았다. 가운데가 투명한 비닐을 몽땅 깔았는데 토란 싹이 나오기 전에 투명한 비닐 쪽에 풀이 먼저 올라와서 비닐을 들어 올리고 있었다. 토란은 절반 정도가 싹을 틔워 동그란 잎들이 방글거리듯 풀 사이에서 놀고 있다. 이번에 저 풀들을 뽑아주지 않으면 일주일 사이에 완전히 점령당하게 생겼다. 무슨 일이든지 때가 중요하지 않던가. 한갓 식물조차도 때를 넘기면 제대로 된 결실을 기대할 수 없다. 인생살이도 마찬가지이다. 무슨 일을 하는데 있어 시기적절한 때를 알고 처신하는 것은 쉽지가 않은 일이다. 어찌 되었든 오늘 저 토란 구출 작전에 돌입해야 한다고 남편에게 도와주기를 청했다.

점심 식사 후 연못 주위를 둘러보았다. 해당화는 겨울 추위에 냉해를 입어 가지가 죽었는지 아직도 새순이 나오지 않았다. 지난겨울 동장군은 몹시도 혹독했다. 그래도 몇 개의 가지들이 꽃봉오리를 틀어 올리는 것이 마냥 기특하고 즐거운 봄이다. 그 옆으로 작약도 작은 꽃봉오리가 보인다. 어린 석류나무 새잎은 기름칠을 한 것 같이 햇빛에 반짝거린다. 나도 여기 있다고 보아달라고 손짓하는 듯 살랑거린다.

연못에는 연꽃을 보겠다고 심어놓은 연들이 새잎을 피워 물 위에 사뿐히 띄워 올렸다. 연잎 사이로 청개구리가 멀리뛰기 하듯이 연잎을 건너다녔다. 창고 옆으로 걸음을 옮겼다. 작년에 심은 독일붓꽃 아홉 뿌리가 싹이 올라와서 벌써 큼지막한 꽃을 두어 송이 피워놓고 있었다. 긴 꽃대에 꽃봉오리들이 줄지어 있는 모습이 의젓한 대장부들 같았다. 평상 앞에 꽃밭은 백합이 키가 쑤욱 자라있고 그 앞으로 접시꽃들이 호박잎 같은 넓은 잎을 펼쳐 놓고 있다. 지난번에 준 거름 효과를 제대로 보는 것 같았다. 자연은 어김없다. 받은 것만큼은 틀림없이 돌려준다. 초봄에 주는 퇴비가 넉넉하면 열매도 풍성하다. 물론 병충해 방제를 시기 맞추어 잘해야만 된다.

잔디밭에는 질경이가 나풀거리고 있었다. 질경이가 자리를 잡으면 뿌리를 완전히 제거하기가 어렵다. 언제 자랐는지 눈 깜짝할 사이에 자라버린 것이다. 그런데 잔디밭은 질경이

보다 더 지독한 것들이 있다. 뽑아내고 파내어도 열흘도 못가 동글동글한 잎을 앙증맞게 귀엽게 다시 팔랑거리는 토끼풀이 문제다. 귀엽게 방글거리며 사람 애간장을 태운 토끼풀은 귀엽지만 귀찮은 것들이다.

앙증맞은 토끼풀은 잔득 애교를 떨면서 잔디를 딛고 올라서게 마련이다. 땅에 착 달라붙어 줄기를 뻗으면서 다시 줄기마다 새 줄기를 뻗어내어 제 구역을 넓혀가면서 잔디를 죽이는 것이다. 이것들을 캐고 또 캐내다가 지치고 말았다. 결국 잔디밭 전용 약을 뿌려 놓고 집으로 간 적도 있었다. 독한 약을 먹고도 토끼풀은 조금씩 죽어가기는 했지만 완전히 멸종되지는 않았다.

그렇게 잔디밭 풀을 뽑을 때마다 생각나는 것이 있다. 다름 아닌 내 마음 밭에 푸른 잔디를 가꾸고 싶은 것이다. 그런데 질경이와 토끼풀 같은 독하고 질긴 것들이, 푸른 잔디를 해치는 것들이 갈피갈피 들어있지는 않은지, 걱정이 되는 것이다.

잔디는 아무리 거름을 주어도 제멋대로 웃자라지 않는다. 오히려 단단히 흙을 붙잡고 낮은 땅을 향해 제 중심을 붙들어매면서 키가 똑같은, 초록의 양탄자를 만들어 낸다. 그것은 평등이고 사랑이다. 합심이고 다정이다. 그런 잔디를 볼 때마다 나는 평화와 평등과 사랑을 만끽한다.

오후 한나절이 지나가고 나자 앞산 벽화산 마루에 해가 걸린다. 마당에 아담하게 서 있는 목련꽃의 순백이 석양에 더욱 엄숙해진다. 저물어오는 저녁 속으로 빨간 장미꽃이 별빛 마중을 준비하고 있다. 바람은 숲으로 잠을 자러 가고, 산새들은 보금자리에 드는 시간, 나는 비로소 호미를 놓고 저녁밥을 준비하기 시작한다. 달맞이꽃 환하게 피고 개구리 합창소리 들리는 오월의 싱그러움이 어느새 어두워진 하늘에 둥근달을 불러내고 있다.

아름다움

독서는 사람을 충실하게 만들고 대화는 사람을 재치 있게 만들고 집필은 사람을 치밀하게 만든다고 한다. 나는 어느 것에 가까운지를 생각해본다. 독서로 충실해져 있는가? 남들과 대화를 재치있게 하는가? 몇 줄의 글이라도 치밀하게 엮어내고 있는가? 어느 것 하나 제대로 하는 것이 없다. 말 주변도 없지만 독서는 부지런히 한다고는 해도 물거품처럼 사라지는 것이 부지기수이다. 이제 지천명에 들어서야 나를 돌아본다.

정신 차리고 둘러본 자리는 내가 꿈꿔 왔던 것과 먼 거리에 와 있다. 되돌릴 수 없는 시간을 과감히 떼어내 버리고 시작이 반이라는 확신으로 지금부터라도 꿈을 이루어 보자고 몸부림치는 중이다. 굳어버린 머리는 제대로 돌아가지 않고 무디어 버린 감성에 생각은 단순해지고 말았다. 하지만 굳은 땅에 자꾸 비 내리면 흙이 풀리고 초목이 자라듯이 나도 내 무디어진 감성에 비를 내려주며 가꾸어 가기로 결심했다. 내 마음 밭이 깊어지기를 바라며 시를 읽고 소설을 읽고 수필을 읽고 시편과 잠언을 묵상한다.

나에게 주어진 시간을 낭비하지 않고 사용해 보기로 한다. 그렇게 하다보면 마음이 잔잔해지고 옛날 꿈꾸었던 감성이 나를 찾아온다. 그렇다. 생각도 자라면 물을 주고 거름을 주면 자라나는 식물과 같다고 한다. 자식을 키우듯이 내 생각을 키워 나가는 재미에 나는 차츰 어제 보다 오늘이 나아져 간다는 것을 느낀다. 이것이 희열이다. 생각이 생각을 낳고 저희들끼리 키워 나간다. 1일 3성은 자기를 돌아보라는 것이지만 따져보면 생각을 연습하라는 주문이다. 이 세상 모든 이치가 내 생각속에 있고 내 생각으로 인하여 어제보다 오늘이 낫고 내일이 더 나아질 것이다.

이런 시간을 아름다움이라 하고 싶다. 누구는 돈을 꽃이라고 했지만 나는 이런 시간을 꽃이라 하고 싶다. 나는 이런 시간에 취하여 행복을 느낀다. 책을 읽고 문학을 한다는 것은 대충해서 되는 일이 아니다. 내가 써놓은 글을 읽은 누군가를 감동 시키지 못한다면 쓸데없는 것이 된다. 남을 감동시키려면 더 많이 알아야 하고 더 많이 느껴야 하고 더 많이 생각해야 한다. 무엇보다 생각하기가 즐거움이어야 한다고 본다. 솔직함도 아름다움을 전한다.

『비로소 눈물이 달콤하다』는 제목으로 시집을 낸 P씨는 글을 씀으로서 솔직하게 속마음을 털어내며 인간적인 진솔함을 여과 없이 순수하게 비쳐낸다. 초등5학년이 전부인 학력도 두 번의 결혼과 두 번의 이혼과 각각 성이 다른 두 딸들의 모습이 독자로 하여금 충분한 이해와 성공한 여성으로서 빛나는 훈장이라는 생각이 들게 한다. 그녀가 아무 생각없이 그 세월을 건넜다면 무얼 남겼겠는가? 토막토막 적었던 일기와 단상들이 힘든 세월을 견디게도 했겠지만 아름다운 작품으로 탄생 되었으니 눈물조차도 달콤하다고 말할 수 있었으리라.

나에게도 가벼운 마음의 짐을 위해 털 것은 털고 버릴 것은 버리고 깃털처럼 가벼워지자. 하루를 감사함으로 마무리 하면서 감사의 생각들을 적어두고 나를 들여다보는 시간들을 늘려가면서 겉모습 보다 내면의 아름다움을 차곡차곡 쌓아가자. 찬란한 태양이 하루 종일 공평하게 햇빛을 나누어주고 노을의 황홀함으로 아름답게 마무리하듯이 나의 인생 마무리도 아름다움이 되기를 바란다.

한여름 밤의 사유

2014년 8월 18일 월요일 오후 3시 35분쯤에 해운대 일만 칠천여 가구에 도시가스 공급이 중단되었다. 이유는 신축중인 아파트 건물이 기울어 가스공급이 중단 되었다는 안내 멘트가 있을 뿐이었다. 날씨조차 우중충하게 구름이 내려앉아 있었다. 공교롭게도 그날따라 CJ 헬로비젼 공급이 중단되었다. 이유도 알 수 없었다. 문의 전화가 폭주하는지 계속 통화 중이었다. CJ 헬로비전을 이용하는 우리 집은 TV도 나오지 않았고 인터넷도 할 수 없었다. 도시가스 공급이 안 되니 주방에서 음식을 만들 수도 없었다. 한여름에도 더운 국물이나 숭

늦이 있어야 하는 우리 집은 저녁식사 준비를 전자렌지로 데워 먹는 방법으로 해결하는 수밖에 없었다. 밤이 되자 흐렸던 하늘에서는 추적추적 비가 내리기 시작했다. 바람도 불지 않는 여름밤의 비는 더운 공기를 식혀 주고 사람의 마음을 차분하게 만들었다.

불도 켜지 않은 어두운 방안에 앉아 생각을 해보았다. 도시가스 공급이 중단된 것은 별 걱정이 안 되었고 생활에 큰 지장이 되지도 않았다. 도시가스 대신 전기를 사용하여 필요한 일을 할 수가 있기 때문이다. 그런데 TV를 볼 수 없고, 인터넷이 안 되자 적막강산이었다. 세상과 모든 게 단절된 느낌이었다. 할 일이 아무것도 없었다. 그러나 한편으로는 TV가 중단되자 조용하기 짝이 없었다. 시간이 많이 남아돌았다. 남편은 일찌감치 피곤을 핑계로 침대로 들어갔다. 나는 책장으로 다가가 톨스토이의 「인생독본」을 꺼내 들고 천천히 읽어 내려갔다.

차츰 책 속으로 빠져 들어갔다. 그중에서 생각을 복잡하게 만드는 한 구절이 있었다. 세네카의 말 중에 "참으로 중요한 일을 하고 있는 사람은 누구나 항상 단순하다. 그는 쓸데없는 일을 생각할 틈이 없기 때문이다. 자연과 조화된 생활을 하라, 그때에 그대는 결코 불평을 느끼지 않게 될 것이다. 세상 사람들의 사고방식만 따라서 산다면 그대는 결코 참된 부를 얻지 못하리라"라는 말이었다. 사람들이 살면서 똑 같은 사고방식으로 살아갈 수는 없다. 그리고 다양한 생각은 세상을 조화롭게 만들게 되고, 좀 더 발전하는 세상을 만들게 되는 것이다. 그 계기라는 것이 때때로 작게는 개인적인 의견충돌을 일으키기도 하지만 크게는 국가 간에 전쟁을 불러오기도 한다.

그렇다면 '참된 부'는 무얼 말하는 것일까? 세상 사람들의 사고방식이란 것은 어떤 것을 말하는 것일까? 지금을 살아가는 우리들이 추구하는 것들을 생각해보았다. 세상을 살면서 잘 산다는 것은 경제적으로 이룬 부를 말한다. 경제적으로 어느 수준 이상을 이룬 사람이 명예까지 더 한다면 금상첨화가 될 것이다. 그런 것을 세상사는 기준으로는 아주 잘 사는 것이라고 말한다. 부러울 것이 없다고도 한다. 그러나 그런 것은 육체적인 삶을 추구할 때의 조건이 될 뿐이다. 육체적인 삶이야말로 세상살이하는 동안 가장 기초가 되는 것이라고 생각한다. 육체가 살아있어야 무슨 일이든지 할 수 있는 것이다. 그러니까 육체를 살리기 위해서는 경제가 넉넉해야 한다.

자본주의 사회에서는 사람이 아무리 잘나고 똑똑해도 경제력이 없으면 힘을 발휘할 수가 없기 때문이다. 육체가 건강해야 자신이 하고 싶은 일들을 이루어 가는 것이다. 하지만 바른 정신이 들어있지 않다면 이 또한 심각한 문제를 일으킬 수 있다. 그렇다면 건강한 육체에 올바른 정신이 깃들어 있어야 잘 살아갈 수가 있다는 말이 된다. 여기에서 말한 '참된 부'는 이러한 것들을 바탕에 두고 세워진 정신세계를 이룬 것을 말하는 것이다.

그런데 단순하게 살아가야 한다는 말은 또 어떤 삶을 영위해 가야 한다는 것일까? 정말 중요한 일을 하는 사람들은 단순하다는데 이 또한 무엇을 말하는지에 대한 생각에 빠졌다. 우리가 세상을 살아가면서 중요하지 않은 일은 무엇인지. 그리고 중요한 일은 어떤 일을 말하는 것인지. 하루하루 살아가면서 중요하지 않은 시간이 있다는 말이 된다. 그렇게 낭비하는 시간이 쌓여서 인생을 허송세월로 보낸다면 안타까운 일이 된다. 그렇다면 앞으로는 세상 사람들의 방식을 따라 살지 말아야 하는 건가? 세상을 살면서 세상 사람들이 사는 평범한 방식을 떠나 나만의 방식을 세워 살아가는 것은 목표가 뚜렷한 시간을 보내라는 것인가. 자연과 조화를 이루어 산다는 것 또한 쉽지만은 않다.

나는 수십 년을 밤낮 모르고 살아왔다. 그때 했던 생각이 있었다. 낮에 일하고 밤에 편안히 침대에 누워 잠을 자는 사람들은 얼마나 행복할까. 잠시 쪽잠을 자며 생활했던 당시에 자연과 조화를 이루어 사는 것은 사치였다. 그렇게 긴 시간을 보낸 결과는 몸이 반항을 시작했다. 자연을 거슬러 생활을 하는 것은 생명을 단축해가는 것임을 체험하게 되었다. 힘든 시간을 보내고 깨달은 것은 사람은 자연을 따라 순리대로 살아야 건강한 것이라는 진리였다. 중요한 일은 확실한 목표를 말하고 자연과 조화된 생활을 하는 것은 순리대로 사는 것이며 참된 부를 이루는 것은 정신세계의 충만함을 이르는 것이다. 생각이 여기에 다다르자 그동안 나의 생활을 되짚어 보게 되었다.

돌아보며 매일매일 분주한 이유들을 생각했다. 그중에 중요하지 않은 것들부터 지워 보았다. 결론은 내가 문제였다. 아무 계획이 없는 하루를 살아가면서 여기저기에 그날그날 일이 생기고 내 일이 있어도 제쳐두고 나가서 그 일들을 해결하기 바쁘고 누구를 만나도 내 얘기를 하기보다 상대 얘기를 듣다 보면 시간이 달아났었다. 이제부터라도 내가 위주가 되어서 하루의 계획을 세워보자는 생각이다. 나를 찾아 살아가는 시간을 만들어 가자고 다짐해 본다.

깊어가는 여름밤이 달콤하게 느껴지는 날이었다. 이 여름밤의 결심이 실천으로 이어져 좋은 열매를 많이 맺기를 바라는 마음이 간절하다. 가끔은 세상과 단절하고 나와 마주 앉아 관심사들과 고민거리들을 내어놓고 아무 사심 없이 실컷 토론을 해보고 싶다.

헤어스타일

평소 다니던 미용실을 바꾼다는 것은 용기가 필요하다. 단골 미용실에서는 머리의 특성을 잘 이해한 까닭에 파마든 염색이든 컷이든 무엇을 해도 손님 스타일에 맞게 해 주는 편리함이 있다. 그런데 미용실을 바꾸게 되면 어쩔 수없이 처음에 한두 번 시행착오를 겪게 마련이다. 물론 그렇지 않고 용케 잘 맞추어나가는 수도 있다. 그럼에도 불구하고 여자들이 미용실을 바꾸는 것은 헤어스타일에 획기적인 변화를 원할 때나, 심리적으로 큰 충격을 받았다거나 또는 단골미용실에 불만이 생기면 다른 곳을 찾게 되는 것이 일반적이다.

내가 수년 동안 다니던 미용실을 바꾼 것은 위생상태가 맘에 들지 않아서였다. 지적을 해도 고치지 않았다. 속된 말로 절이 싫으면 중이 떠난다는 식으로 발길을 끊었다. 주위사람들의 입소문에 따라 커트 솜씨가 좋다는 "가위를 든 여자"라는 미용실을 소개 받았다. 새로 찾아간 미용실은 실내가 깔끔할 뿐만 아니라 친절하고 센스가 빨랐다. 마음에 쏙 들었다. 몇 번 커트만 하다가 파마를 해보기로 했다. 내 머리카락은 유난히 가늘고 힘이 없어,. 파마를 할 때 남들보다 시간이 많이 걸린다. 또 파마를 한 후에도 쉽게 풀어진 탓에 신경이 몹시 쓰인 머리다.

원장 미용사는 파마를 하기 전에 정성껏 머리를 감겼다. 그리고 머리에 영양을 주어 안정을 시킨 후에 파마용 롤을 돌돌 말기 시작했다. 미용사의 손놀림이 빠르고 부드러워 잠을 재우는 듯 했다. 그만 졸기 시작했다. 잠깐 졸다 깨어보니 어느새 롤을 다 말아 놓고 비닐 캡을 씌우느라 바스락 거렸다. 뒤쪽 장의자에 앉아 잡지책과 신문을 보면서 시간을 보내고 있었다. 라디오에서 흘러나오는 음악이 잔잔하게 퍼지는 가운데 내 앞에는 원두커피가 놓여 있었다.

그때 미용실 문이 열리고 긴 생머리를 뒤로 묶어 올려 큰 핀을 꽂은 아주머니 한 분이 들어왔다. 나이는 50대 중반쯤으로 보였다. 거울 앞 의자에 앉은 아주머니는 머리숱도 많은데 길이가 길어 머릿속에 땀띠가 난다고 했다. 원장이 어떻게 해드릴까요? 라고 묻자 아주머니는 조금 망설이는듯하더니 "그냥 내 얼굴형에 맞게 잘라주세요. 짧아도 괜찮아요."라며 미용사에게 맡겨버렸다. 미용사가 가위와 빗을 들고 오자 여자는 마치 비장한 결심이라도 한 듯 두 눈을 꼭 감아버리는 것이었다. 나는 웃음이 나왔지만 그녀의 심정을 충분히 이해할 수 있었다. 사람과 머리는 아니, 여자와 머리는 용모의 중심이라고 할 수 있기 때문이다.

나는 그녀의 머리가 어떻게 변해가는 지, 그리고 그 다음에 그녀가 어떻게 받아들이는지에 대해 무척 관심이 쏠렸다. 드디어 미용사의 가위가 움직이기 시작했다. 미용사는 먼저 머리를 가지런히 빗겨 내리더니 어깨선에서 넘실대는 머리를 목선 중간까지 싹둑싹둑 잘라나갔다. 가위질 소리가 날 때마다 마치 숲을 벌목하듯 바닥으로 검은 머리뭉치가 툭툭 떨어졌다. 나는 아깝다는 생각도 들고 한편으로는 머리가 가벼워지겠구나 싶기도 했다. 앞머리 부분은 층층이 잘렸다. 옆머리도 그런 식으로 층을 만들어 나갔다. 미용사는 매우 신중하게, 그러나 자신감 넘치게 그녀의 머리를 만들어 가는데 열중하고, 계속되는 가위소리와 함께 그녀의 헤어스타일이 완성

되어갔다. 그녀는 계속 눈을 꼭 감은 채 뜨지 않았다.

얼마 후, 미용사는 빗과 가위를 내려놓고 헤어드라이기로 머리카락들을 털어낸 다음 그녀에게 샴푸실로 이동하라고 했다. 그때서야 그녀는 조심스럽게 눈을 뜨고 거울 속을 드려다 보았다. 나는 그녀의 표정에 집중했다. 거울을 보던 그녀는 천진한 아이처럼 환한 미소를 지었다. 만족스런 표정이었다. 머리가 준 놀라운 변신, 거울 속에 미소 띤 그녀는 이제 갓 서른이 되었을까 말까한 젊은 얼굴로 변해 있었다.

나는 그녀의 뒷머리 모양과 전체적인 이미지를 훑어보았다. 회색 짧은 팔 브이넥 티셔츠에 검정색 7부 바지와 슬리퍼를 맨발에 신고 있는 그녀는 내가 관심 있게 바라보는 것이 부담스러운지 "샴푸는 집에 가서 할게요."라고 하며 계산을 하고는 후다닥 나가버렸다. 나는 실례를 한 것 같기도 했지만 미용사에게 어떻게 머리모양 하나로 저렇게 사람이 확 달라질 수 있느냐고 했다. 미용사는 저분은 머리숱도 많고 머리카락 굵기도 좋아서 짧은 머리가 더 잘 어울린 거라며 머리숱이 적고 머리 굵기가 약한 나를 위로하듯이 말했다.

미용사의 말에 옛날 우리 고모가 생각났다. 우리 집 아래쪽으로 좀 떨어진 곳에서 고모가 살고 있었다. 내 기억속의 고모는 넉넉지 않은 집안의 큰며느리였는데, 시어머니와 시동생 두 명과 함께 살았다. 슬하에 4남매를 둔 고모는 식구들 뒤치다꺼리며 집안일과 농사일이 많았다. 그리고 항상 머리에 흰 수건을 쓰고 있었다. 고모가 마리에 수건을 쓰게 된 데는 웃지 못 할 사연이 있었다.

서울에서 집안잔치가 있었다. 전세버스를 내어 친척들이 가야했는데, 우리 아버지께서 형편이 어려운 고모를 위해 머리 손질을 하라며 돈을 주셨다. 고모는 다음날 장에 나가 미장원으로 갔다. 그리고 미용사에게 한 번하면 오래 오래가는 파마를 해 달라고 했다. 사실 파마로 불리는 '퍼머넌트'라는 말은 영구적이라는 의미를 갖고 있다. 말의 어원을 알 리 없는 고모는(설사 알고 있다 할지라도) 돈이 아까워 파마가 아주 오래가기를 바라 그런 부탁을 했을 것이었다. 미용사는 고모가 원하는 대로 머리를 짧게 잘랐고 오래오래 구워 최대한 꼬불꼬불한 머리로 만들어주었다. 고모가 파마를 하고 집에 왔는데, 가족들이 고모를 못 알아 볼 정도였다. 정말 평생 풀어지지 않을 정도로 뽀글뽀글한 머리를 보고 가족들은 웃음을 참을 수가 없었다.

그런데 잔칫날 당일 새벽에 문제가 발생하고 말았다. 서울로 가기 위해 대절해 놓은 버스로 친인척들이 모였다. 물론 고모도 마찬가지였다. 그런데 친인척들이 고모를 몰라보는가 하면, 웃음을 주체하지 못해 또다시 웃음판이 벌어졌다. 한편 머리를 하라고 돈을 준 아버지께서는 아프리카 흑인 머리가 따로 없다며 "적당히 하지 그게 뭐냐"고 핀잔을 주었다. 그쯤 되자 고모는 울음보가 터지고 말았다. 고모는 울면서 그만 서울 행을 포기하고 자기 집으로 가 버리고 말았다.

그날 이후부터 고모는 수건을 머리에 쓰고 다녔다. 머리가 자라면 거울을 마당에 갖다 놓고 앉아서 손수 가위로 자르고 다시 수건을 썼다. 당시 고모의 머리 사건으로 나는 파마는 절대 하면 안 된다고 생각했다. 그런데 어느새 내 나이가 그때 고모 나이가 되면서 파마를 하기 시작했다. 처음에는 살짝 웨이브가 있게 하다가 해가 지날수록 웨이브가 심해져갔다. 어느 때는 금방 파마를 하고 난 머리를 보고 고모 생각이 나서 혼자 웃을 때도 있었다. 다행인지는 몰라도 내 머리는 가늘고 힘이 없어서 웨이브가 빨리 풀린다. 그래서 고모와 달리 꼬불거리는 머리가 될 수는 없지만 그래도 늘 신경이 쓰이기 마련이다.

여자와 머리는 실로 중요한 정신적 문제까지 갖게 된다. 서너 살짜리 꼬마부터 아흔아홉 살 할머니까지 머리는 인간의 최대 관심사가 아닐 수 없다. 고모의 뽀글이 머리를 보고 우리는 단순히 우습다는 의미로 웃고 떠들었지만, 고모는 결혼식에 가지 못할 정도로 상처를 받았고, 평생 머리에 수건을 쓰는 트라우마를 갖게 된 것은 우습기만 한 사건은 아니다. 머리카락이 신체의 중요한 부분인 머리에 난 것만 봐도, 머리카락은 인간에게 가장 중요한 것 중의 하나임에 틀림이 없다. 머리모양이 사람의 인상을 좌우하는 이유도 따지고 보면 '머리에 머리가 난' 까닭일 것이다.

예외 없는 세상 일

벚꽃, 도화, 자두 꽃이 눈 부시는 4월 초순이었다. 주말의 순천 방향 남해고속도로는 주차장을 방불케 했다. 봄꽃잔치에 신이 난 사람들이 너도나도 꽃구경을 나선 것이다. 도로 옆 가로수 벚꽃도 눈이 부실 정도로 한창 만개하여 시속 10키로의 고속도로 정체조차도 지루하지 않았다. 오히려 천천히 구경하며 가는 것이 즐겁기까지 했다.

농장으로 일을 하러 가는 우리는 오고가는 시간을 최대한 줄여야 하지만 싱그러운 봄나들이에 나선 사람들처럼 설레는 마음이었다. 두 줄로 밀리는 차들 사이에 뻥튀기 과자봉지를 잔뜩 들고 차창으로 흔들어 보이며 팔고 있는 아저씨가 보였다. 며칠 전 카톡에서 본 유머가 생각났다. 교통체증 시 일본에서는 제일 먼저 신호기 기술자가 와서 신호체계를 작동하고, 미국에서는 교통경찰이 수신호로 교통을 통제하는데, 우리나라에서는 뻥튀기, 군밤장사가 제일 먼저 온다고 했다. 자주 다니는 남해 고속도로에서 정체 때마다 흔하게 보는 일이라 별생각을 하지 않았었는데 유머를 읽은 후에는, 어쩐지 부끄러운 생각이 들었었다. 우리 차 앞으로 다가오는 뻥튀기 아저씨를 보면서 남편이 하나 사라고 했다. 나는 차창 문을 열고 뻥튀기 아저씨를 불렀고, 아저씨는 재빠르게 다가와 뻥튀기 한 봉지를 창문으로 넣어주며 이천 원이라고 했다.

한참을 그렇게 밀리던 차들이 터널 몇 개를 지나자 달리기 시작했다. 속도계는 시속70km를 넘어가고 있었다. 그때였다. 앞에 터널이 있음을 알리는 내비게이션의 친절한 안내 멘트가 있었고 살짝 굽은 도로를 돌아 나오자 다시 차들이 쫙 밀려 서 있는 것이었다. 급히 남편은 브레이크를 밟았고 조수석의 나는 몸이 앞으로 확 쏠렸다가 제 자리로 돌아왔다. 그 순간이었다. 갑자기 꽝 하는 큰 소리와 함께 내 몸이 솟구치는 것이었다. 어? 뭐지? 하는 순간 목이 뒤로 제쳐 지면서 어딘가에 부딪치는 것을 느꼈다.

정신을 차려보니 안전띠를 매고 있는 몸은 그대로 의자에 앉아 있었다. 순간 정적이 흘렀다. 잠시 후 운전석의 남편이 괜찮으냐고 물었다. 나는 괜찮다며 당신은 어떠냐고 했더니 다행이라며 자기도 다친 데는 없다고 했다. 서로 말을 주고받으면서도 심장이 쿵쿵거리고 온몸이 떨리는 것을 느꼈다. 어떻게 해야 할지를 몰라 우리는 그대로 차 안에 앉아 있었다. 조금 뒤에 비상 사이렌 소리와 함께 견인차 두 대가 다가왔다. 그때서야 백미러로 뒤를 보니 우리 차 뒤에 다른 차가 바짝 붙어 있었다.

우리는 졸지에 수년간 오가며 자주 보던 추돌사고의 주인공이 되어있었다. 잘 달리던 차들이 밀리면 또 사고 났나? 하다가 사고현장 옆을 지나갈 때면 '조심들 좀 하시지'하면서 지나치곤 했었다. 옆 차선의 차들이 서행을 하며 힐끔힐끔 쳐다보았다. 우리가 사고현장의 주인공이 될 줄이야. 견인차 기사님이 달려와 유리창을 두드리며 괜찮으냐고 물었다. 남편이 유리창을 열고 괜찮다고 대답했다. 견인차 기사님은 "그대로 가만히 계셔야 해요"라고 하면서 우리 뒤에 있는 차로 뛰어갔다.

카톡에서 읽은 유머에 일본에서는 교통사고가 나면 제일 먼저 보험회사 직원이 달려와서 보험지불 내용을 알려주고 미국에서는 교통사고가 나면 제일 먼저 교통경찰이 달려와 사고경위와 처리결과를 알려주는데 우리나라는 사이렌 소리가 요란한 견인차가 달려와서 신속하게 차를 끌고 간다고 했다. 그때는 가볍게 웃고 말았었는데 정말 잠시 뒤에 우리 차를 견인차가 끌고 근처 나들목으로 나갔다. 요금소를 지나자마자 제법 넓은 공터가 있었다. 그곳에는 많은 자가용들이 서 있었다.

우리는 차에서 내렸고 남편은 차를 살폈다. 나는 멀리 떨어져 땅바닥에 주저앉았다. 다리가 후들거려 서 있을 수가 없었다. 또 어지러웠다. 잠시 후에 우리 차 뒷좌석에 짐을 다른 차로 옮기는 것이 보였다. 그런 후에 차 트렁크 문이 열리지 않아 애를 먹고 있었다. 우리 차 뒤가 많이 찌그러져 있고, 우리 차를 추돌한 소형차는 앞이 완전히 망가져 있었다. 그 차에는 가족 세 명이 타고 있었다. 50대 부모는 뒷자리에 있었고 막 20대에 들어선 아들이 운전을 했는데, 그는 운전이 미숙한 상태라고 했다. 다행히 그쪽 사람들도 무사했다.

우리는 서로 그만하길 다행이라고 위로를 주고받았다. 내가 목과 머리가 아프다고 하자 병원에 가서 치료를 잘 받으시라며 공손하게 인사하는 청년이 안쓰러웠다. 뒷좌석에 부모님이 계셨으니 청년의 놀람이야말로 엄청났을 것이라는 생각에 더욱 안쓰러운 생각이 들었다. 고속도로를 달리면서 늘 보아왔던 표어 "생과 사는 순간 1초, 깜빡 졸음 번쩍 저승, 졸리면 쉬어 가세요 제발"이라고 커다랗게 써놓은 글을 보면서 짧지만 강한 메시지를 담았다며 웃었는데 막상 사고를 당하자 전율이 느껴지는 말이었다. 우리 차가 앞차를 추돌하지 않은 것을 감사했다. 남편이 순간 대처를 잘했다고 하며 브레이크를 얼마나 세게 밟았는지 차에서 내리는데 발목에 경련이 일어나더라고 했다.

잠시 뒤에 양쪽 보험사 직원들이 도착했다. 그들은 일사천리로 사고 경위를 파악한 다음 망치로 우리 차 트렁크 문짝을 부수고 짐들을 꺼내주었다. 보험사에서 대체 차량을 주었는데 근처에 세워 두었던 차들 중 한 대였다. 그러니까 공터에 세워져있던 차들은 보험사마다 대체 차량 준비를 해 두었던 것이다. 사고가 자주 나는 구역이라는 것을 말해 준 것이었다. 농장 일을 하러 남해고속도로 오고가기를 십년이 되어 가지만 4차선을 달리다가 창원, 부산으로 갈라지면서 2차선으로 좁혀지면서 상시 정체가 된다. 언제쯤 4차선으로 확장되어 시원하게 달릴 수 있을지. 염원이 되고 말았다.

수다와 비타민

니체는 인간을 찾기 전에 등불을 찾아야 한다고 했다. 우리도 등불을 찾기 위해, 아니 그런 흉내라도 내고 싶어 바닷가를 찾았다. 광안리 바닷가에서는 푸른 바닷물이 쉴 새 없이 밀려왔다 밀려갔다. 팔월의 마지막 날 한낮의 쨍쨍한 햇볕 아래 백사장은 여름날 시골 장터처럼 한산했다. 모래는 자신들의 몸에 찍힌 발자국만큼 많은 사람들의 추억을 담고 조용히 숨을 죽이고 있었다. 언제 그렇게 수많은 사람들이 왔었던가 싶은 바닷가에는 비둘기만 소나무 그늘 아래서 먹이를 찾아 종종거리고 있었다. 한 달에 한나절 틈을 내어 만나는 반가움과 맛있는 점심식사는 먹는 즐거움도 있지만 사람이 잘 산다는 것이 어떤 것인가 하는 생각을 하게 했다.

우리 다섯 명은 한때 같은 교회 자매들이었고 여선교회 회원이기도 했다. 회원들 중에서도 우리끼리 잘 통했다. 우여곡절이 있어 조 집사와 백 집사는 다른 교회로 나가게 되어 우리는 자주 만날 수 없는 것이 아쉬워 한 달에 한 번 모임을 갖기로 했다. 모이면 그동안 안부와 함께 살아가는 이야기, 남편에 대한 불만과 쇼핑정보와 사소한 집안 이야기를 하면서 깔깔대기도 하고 킥킥거리기도 하면서 시간가는 줄 몰랐다. 그럴 때 보면 누가 우리를 오십대 여자들이라 할까? 철없는 십대 여고생들이 되고 말았다. 한나절쯤 떨어대는 수다는 일상생활의 비타민 같았다. 헤어지고 집에 와도 며칠은 혼자서 웃을 때가 많았다.

어느 유명한 사람이 말하기를 인생은 십오 분 늦게 들어간 영화관 같아서 전편 줄거리를 찾느라고 철학적일 수밖에 없는 것이라고 했다. 그러나 나에게 인생은 전편은 고사하고 현재진행의 줄거리도 따라가기 어려운 시절이었다. 지난달에 조 집사 조카가 파스타 전문식당을 개업했다고 하여 모임은 그 식당에서 하기로 했다. 광안대교 주탑이 마주 보이는 2층 고급 인테리어의 아늑한 분위기와 해변이 바로 내려다보이는 전망 좋은 가게였다. 주로 젊은 층이 이용하는 분위기인데 한낮에는 조금 한산했다. 우리는 다음달 10월 모임을 그 식당에서 불꽃축제를 보기로 했다. 그날 전원이 건강한 모습으로 만나 맛있는 저녁식사와 함께 불꽃축제를 제대로 즐기기로 약속했다.

나는 구월이 어서 가고 시월이 빨리 오면 좋겠다고 생각하면서 나이 들어가는 것은 싫은데 세월이 가기를 바라니 아직도 내 마음은 덜 익은 풋감인가보다. 친구들은 모임 끝나고 국제시장으로 몰려가고 나는 혼자 지하철을 타고 오면서 내가 지금 찾고 있는 것은 과연 무엇인지 생각했다. 십년 후 또는 이십년 후 내 모습을 그려 보면서 오십대의 시간들을 헛되이 흘려버리지 않으려면 과연 무엇을 어떻게 추구해야하며 내가 즐기면서 노후를 알차고 보람 있게 보낼 수 있는 일은 무엇일까를 생각했다.

아름다운 영순 언니

꽃샘추위가 지나간 3월 중순 오후다. 가벼운 발걸음으로 집을 나섰다. 엊그제까지만 해도 날 선 바람이 옷깃을 여미게 했는데 연미색 바바리를 오픈하고 걸어도 춥지 않았다. 봄이 바로 앞에 와 있다는 것을 느낄 수 있었다. 아침나절에 파김치 담가 놨으니 가져가라는 영순 언니의 연락을 받고 파김치도 가져오고 저녁 찬거리도 사 올 겸, 집을 나선 길이었다.

가로수 벚꽃 나무들은 봄맞이 꽃 잔치를 준비하는 꽃망울을 조롱조롱 달고 있었다. 머지않아 팝콘 터지듯이 한꺼번에 화르르 꽃망울이 터질 것이었다. 그때쯤 영순 언니와 꽃구경도 하고 맛있는 점심도 먹어야겠다는 생각을 하자 발걸음이 가벼웠다.

영순 언니와 만난 것은 35년 전쯤으로 거슬러 올라간다. 나는 해운대에서 작지 않은 식당을 운영하던 삼십 대 초반이었다. 영순 언니는 사십 대 초반으로 밤낮없이 술에 취해 사는 백수 남편과 어린 사 남매를 데리고 힘든 삶을 살고 있었다.

하루하루 품삯으로 살아가는 처지였다. 우리 집에 온 것도 다른 곳보다 보수가 많았기 때문이었다. 영순 언니는 우리 집에서 밥 짓는 일을 담당했다. 반찬을 전담하는 찬모들과 손발이 잘 맞았고 성격이 좋아 설거지하는 분들과도 소통이 잘 되었다. 영순 언니 덕분에 주방 분위기는 언제나 웃음꽃이 피었다.

그녀는 50년 가까이 부산에 살고 있지만 아직도 고향 전라도 사투리를 쓴다. 그녀의 사투리는 사람들의 웃음을 자아내기도 한다. 그녀가 어렸을 때 친정아버지가 군에서 돌아가셨다. 그리고 남아 선호사상이 심한 할아버지가 오빠 두 사람은 고등교육을 시켰으나 여자로 태어난 그녀는 학교 문턱에도 가보지 못했다.

성실하고 낙천적인 성격을 가진 그녀는 백수건달 술주정꾼 남편을 원망하지 않고, 고달픈 일상을 긍정적으로 받아들였다. 당시 내가 도움을 줄 수 있는 것은 그날그날 남는 반찬을 퇴근길에 가져가게 하는 일이었다. 그녀는 그걸로 가족들을 먹이고, 아이들 도시락 반찬으로 사용했다.

그 후 세월이 흘러 술주정뱅이 남편은 술병으로 간이 망가져 젊은 나이에 하늘나라로 가고 말았다. 그리고 사남매 자녀들은 잘 자라 결혼을 했고 지금은 큰 손자가 대학생이 되었다.

그녀는 임대아파트에서 혼자 살면서 노령연금과 자식들이 조금씩 보내주는 돈으로 살고 있다. 계산상으로는 턱없이 모자란 돈이지만 그녀는 언제나 "나는 부자야."라고 말한다. 그녀가 사는 아파트 주변에는 차에 물건을 싣고 와 파는 분들이 대여섯이 있다. 그녀는 그분들에게 파전이나 김치전을 구워 대접하는데, 전 뿐만 아니라 식혜도 만들어 여름에는 시원하게 겨울에는 따끈하게 대접한다. 옛날에 어린아이를 업고 자갈치 시장에서 생선장사 할 때를 생각하면 항상 허기지고 목말랐던 기억이 난 탓이라고 했다.

그녀의 베풀기는 거기서 그치지 않는다. 여름이면 나무 그늘에 옹기종기 앉아 있는 할머니들에게는 시원한 식혜와 삶은 감자나 찐 계란을 갖다 드렸는데 그건 친정엄마를 생각해서라고 한다. 엄마가 보고 싶어도 어려운 살림살이라 친정에 못가고 살았는데, 나이가 들어서야 친정에 갔더니, 엄마는 치매가 들어 알아보지도 못한 채 고통을 받다가 돌아가시고 말았단다. 그래서일까, 그녀의 베풀기는 쉬지 않고 이어지고 있다. 가끔 아파트 경비실에 따끈한 된장찌개와 갓 지은 밥을 소박한 반찬들과 함께 차려서 들고 갔다. 어느 날 택배 찾으러 경비실에 갔다가 아저씨가 점심 식사 하시는걸 보게 되었는데 집에서 대충 싸 온 깡마른 도시락을 먹는 게 마음에 걸렸다는 것이다.

그녀는 새벽 일찍 일어나 공원을 한 바퀴 돈 다음, 재래시장으로 간다. 시골에서 채소를 갖고 나와 다듬어 파는 할머니들 일손을 거들어주기 위해서다. 새벽부터 장터에 나와 앉아 있는 그들이 꼭 자신처럼 보인 탓이란다.

영순 언니와 나는 서로 지척에 살면서 35년의 인연을 이어가고 있다. 언니와 나는 나이 차이도 있고 종교도 서로 다르다. 나는 교회를 다니고 언니는 일 년에 몇 번씩 절에 가지만 우리는 지금까지 얼굴 붉히며 큰 소리 낸 일 없이 서로에게 조금이라도 도움을 주려고 애쓰며 살아왔다. 언니는 내게 항상 고맙다고 말한다. 나 또한 언니에게 고마운 일들이 많았다. 우리는 서로 힘들고 어려울 때 만났고 열심히 살아온 것을 잘 알고 있다. 지금도 만나면 가끔씩 옛날 일을 이야기한다. 우리는 한동네 가깝게 살아가는 것이 얼마나 다행이고 감사한 일인가 하며 서로 위로한다.

겨울을 물리치고 다가온 봄이 반갑다. 사람들은 봄을 반긴다. 봄이 오면 새로운 세상이 시작되기 때문이다. 나는 문득 영순 언니가 봄 같은 사람이라는 생각을 하면서 3월 오후 영순 언니 집 초인종을 누른다.

| 작품해설 |

자연과의 교감이 빚어낸 서정의 리리시즘

박 정 선

(소설가, 시인, 문학평론가)

1

한동안 우리나라에서 수필하면 떠오른 사람은 단연 피천득이었다. 피천득은 오래전 국정교과서의 「수필」이라는 작품을 통해 수필의 개념에 대해 다음과 같이 정의한 것으로 유명하다. 즉 "수필은 청자연적이다. 수필은 난이요, 학이요, 청초하고 몸맵시 날렵한 여인이다. 수필은 그 여인이 걸어가는 숲속으로 난 평탄하고 고요한 길이다. 수필은 중년여인의 글이다. 수필은 마음의 산책이다. 수필은 독백이다. 가고 싶은 대로 가는 것이 수필의 행로이다. 수필은 비둘기 빛이거나 진주빛이다. 수필은 번쩍거리지 않는 비단이다. 자기를 솔직하게 나타내는 형식이다. 마음의 여유를 필요로 한 글이다. 수필가램은 찰스램이면 된다. ……”등등이었다.

신기철, 신용철 편 『새 우리말 큰 사전』에서도 수필을 다음과 같이 정의하고 있다. “형식에 묶이지 않고 듣고 본 것, 체험한 것, 느낀 것을 생각나는 대로 쓰는 산문형식의 짧은 글, 또는 그러한 글투의 작품. 사건체계를 갖지 않으며 개성적 관조적이며 인간성이 내포되도록 위트wit, 유머humor, 예지로서 표현함. 상화想華, 만문漫文, 만필漫筆, 수필문隨筆文 등으로 칭함”이라고 했다.

시인 박목월 역시 수필의 특성을 고백성이라 했고, 수필가 윤오영은 시, 소설, 수필을 각각 과일에 비유했는데 시는 복숭아, 소설은 밤, 그리고 수필의 특성은 곶감에 비유했다. 이 세 가지 과일 가운데 가장 달콤한 과일은 단연 곶감이다. 단 맛뿐만 아니라 곶감은 농부의 정성과 자연의 햇살과 바람을 잘 타면서 건조되어야 제 맛이 드는 과일이다. 그러니까 잘 익은 감을 다시 농부들의 힘든 공정을 거쳐야 비로소 완성되는 성격을 지닌다.

따라서 빛깔이 아름답고 단 맛이 좋은 곶감 같은 수필을 쓰자면 몇 가지 주요 개념 즉 “수필은 개성이 강한 문학이라는 것, 수필은 해학과 위트, 비평적인 문학이라는 것, 수필은 심미적 예술적 가치를 지닌 문학이라는 것"을 반드시 염두에 두어야 한다. 먼저 수필은 개성이 강한 문학이라고 강조하는데, 도대체 이 말은 무엇을 의미하는 것일까. 수필뿐만 아니라 모든 문학, 모든 예술, 모든 문화적 활동에서 개성은 아무리 강조해도 지나치지 않는데, 특히 수필에 있어서 개성을 강조한 것은 무슨 이유일까? 그것은 다름 아닌 작가를 중심으로 하는 자기고백, 자기표현의 문학인 탓이다. 개성에 있어 몽테뉴는 "나 자신이 바로 내 글의 재료가 된다."고 말했고 이태준은 『문장 강화』에서 "그 사람의 자연관, 인생관, 습성, 취미, 지식과 이상이 재료 되어 나오는 것이 수필이다. 누구에게나 수필은 자기의 심적 나체다. 그러므로 수필을 쓰려면 먼저 자기의 풍부가 있어야 하고 자기의 미가 있어야 한다."고 했다. 또한 알베레스는 에세이는 그 자체가 지성을 기반으로 한 정서적 신비적 이미지로 구성된 문학이라고 강조했다.

또한 수필은 해학과 위트, 비평적인 문학이라는 것은 수필이 문학이 되기 위한 가장 중요한 요건이라고 할 수 있다. 일상생활이 제재가 된다고 하여 단순한 생활을 쓴다는 것은 독자에게 전혀 의미가 없기 때문이다. 글은 작가의 발견과 사상성을 고백이라는 방법으로 표현해 독자와 함께 공감하고 감동하는 것이다. 피천득은 "수필은 단순한 기록에 그쳐서는 독자의 흥미를 유발할 수 없다. 거기에는 유머와 위트가 있어야 한다."고 했다.

수필문학에서 가장 많이 사용하는 골계적 용어로 유머humor와 위트wit를 강조한 것이다. 유머는 전적으로 지적인 것이 아니다. 동정적인 것을 지니고 있기 때문에 때로 비애와 상통하기도 한다. 그래서 위트와 구별된다. 유머의 특징은 어떤 사물에 대하여 우월감과 공감, 즉 해방과 정을 동시에 느낄 수 있는데 있다. 위트는 우월감에 웃고 진리를 암시받음으로써 무지로부터 해방되기 때문에 전적으로 지적인 것으로 이해하게 된다. 유머와 위트가 풍부한 수필은 그만큼 문학미적 성취가 높다.

따라서 흔히 수필은 심미적 예술적 가치를 지닌 문학이어야 한다고 강조한 것은 문학은 심미적 예술적 가치를 목적으로 하기 때문이다. 그리고 수필이 뒤늦게야 문학 장르로 포함된 것도 바로 심미적 예술적 가치로서 어딘가 미흡했기 때문이었다. 지금은 문학 장르 가운데 인구수가 가장 많은 시 부문 인구를 능가할 정도다. 그러나 인구수와 작품의 질은 전혀 다르다는 것이 문제로 떠오르고 있기도 하다. 어떤 사람은 자신의 철학과 박학한 지식을 열거하는데 급급 하는가 하면, 어떤 사람은 지극히 일상적인 생활기록을 작품이라고 버젓이 내놓는 것 때문이다. 어떤 의미로든 남을 가르치려고 하거나 또는 자신을 광고하는 글에 대하여 독자는 흥미를 갖지 못한다. 독자는 감탄보다는 감동을 원하기 때문이다. 독자는 부러움의 대상을 만나기보다는 인간으로서 공유할 수 있는 공감을 원하기 때문이다.

문학은 먼저 작가가 스스로 카타르시스를 느끼는 것이어야 한다. 지식을 예술로 승화시키지 못하면 자랑이 되고 추억을 문학적 예술로 승화시키지 못하면 넋두리가 되고 만다. 여기서 중요한 것은 몽테뉴 적이어야 하는가, 베이컨 적이어야 하는가를 놓고 생각할 수도 있는데 그 둘의 장점을 골라 잘 양립하는 것이 이상적인 수필이 될 것이다. 결론적으로 감동을 주지 못한다면 글로서의 구실을 제대로 했다고 할 수 없다. 수필을 쓰는 것은 어려운 것도 쉬운 것도 아니다. 다만 연습과 인내일 뿐이다. "재능은 별 것 아니다. 다만 긴 인내일 따름이다." 라고 한 모파상의 말을 깊이 새길 일이다.

이상을 종합해보면 수필은 자기성찰을 근본으로 하는 고백문학이며 어느 정도 인생을 살아본 사람의 관찰과 사상을 표현하는 것으로써 무형식이라는 것, 체험이라는 것, 개성적이고 서정적이라는 것, 문체의 정교성을 지닌 산문이라는 것으로 결론지을 수 있다.

2

명인숙의 수필집 『가벼움으로 가는 길』을 두고, 앞에서 수필에 대하여 비교적 서설이 긴 것은 명인숙 작품의 순수한 서정성과 감동 때문이다. 우선 표제부터 투명한 서정의 리리시즘을 암시한다. 더욱이 첫 작품집이라는 것을 염두에 두고 생각해 본다면 순수한 자연과의 교감을 매우 리얼하게 보여준다. 총 30편을 수록한 이 작품집은 모두 3부로 분류되어 있다. 1부는 농사 체험에 대한 사유를, 2부는 가족에 대하여, 3부는 인간의 고독을 바탕으로 한 인간의 내면을 그리고 있다. 그러나 3부 역시 농촌을 배경으로 하는 작품이 대부분인 것을 감안해 보면 이 작품집은 대부분 농사체험과 그로 인한 사유로 채워져 있다.

먼저 제1부 「가벼움으로 가는 길」은 자연과 인간의 욕망이 대비되는 작품으로 가장 뛰어난 수작이다. '나'는 늦가을 어느 날 농장에서 일을 하다말고 산 중턱에서 빛나는 샛노란 모과를 발견하게 된다. 그리고 샛노란 모과를 갖고 싶은 욕망에 이끌려 큰 자루를 들고 가 욕심껏 모과를 담아가지고 산을 내려온다. 그런데 험한 산은 무거운 모과자루를 들고 내려오는 걸 방해한다. 결국 산을 내려오는 도중 중간 중간 모과를 덜어내게 되고 욕심껏 담았던 모과는 절반 이상으로 줄어들게 된다. 그리고 이를 발견한 마을 할머니가 "산에 것은 짐승들 먹구로 그냥 둬야제"라는 일침을 놓는다.

> 다람쥐가 내 주변을 맴돌며 주춤거리더니 나와 눈이 마주치자 재빠르게 도망쳐 버렸다. 청설모도 그렇게 하다가 그냥 지나갔다. 5분이나 지났을까, 다시 다람쥐와 청설모가 내 주변을 기웃거렸다. 펴놓은 모과를 노리며 내가 어서 다른 곳으로 가기를 기다린 모양이었다.
>
> –「가벼움으로 가는 길」 중에서

마을 할머니는 본래 농촌 사람인 탓에 산짐승들과 공생할 줄을 알고 있다. 그러나 도시인인 나는 산짐승과 공생을 미처 생각하지 못했음을 드러낼 뿐만 아니라 인간이 산짐승들의 먹이까지 탐하는 것을 말해주고 있다. 마지막 문장 "길가 코스모스가 긴 허리를 가볍게 흔들면서 내 다리를 슬렁슬렁" 건드리고 그것은 코스모스처럼 가볍게 살라는 전언으로 와 닿는다.

산짐승과 공생은「새들에 대한 안부」에서 정면으로 다루어지게 된다.

나와 남편은 농장을 시작한지 5년차에 대봉감을 수확하게 된다. 온 가족이 총 출동하여 잘 익은 감을 따는데 신기하게도 도르르 말린 감꼭지 안에 잘 생긴 구기자가 몇 개씩 들어 있다. 그리고 머리 위에서 새들이 빙빙 돌며 떠나지 않는다. 나와 가족들은 감도 따고, 뜻밖에 구기자 선물도 얻는다는 기쁨에 취한다. 그런데 이번에는 마을 이장이 구기자가 감꼭지에 숨겨져 있는 비밀을 말해준다. 즉 새들이 겨울양식을 삼기 위해 구기자를 따다가 감꼭지 안에 감추어 둔 것이라는 설명이다. 따라서 나는 이번에도 새들의 양식을 빼앗게 되고 만다. 그러나 알고 보니 그 구기자는 남편과 내가 땀 흘려 가꾼 농장 구기자라는 사실을 구기자를 딸 때에야 알게 된다. 그러나 새들의 겨울 양식이라는 이장의 말이 늘 마음에 걸리게 되면서 서로 주고받는 자연의 순리에 대하여 생각하게 된다.

「꽃밭의 서사」는 "농장에서 내가 가장 애정을 쏟는 곳은 다름 아닌 꽃밭이다."라고 고백하듯이 농장에는 제1꽃밭과 제2꽃밭이 있다. "바라볼 때마다 예쁘고 귀엽고 사랑스러운 '내 새끼들' 같은 꽃"이라고 할 정도로 꽃밭에 애정을 쏟는다. 꽃밭에는 대략 금잔화, 목단, 접시꽃, 범 부채, 수선화, 백합, 독일 붓꽃, 미스 김 라일락, 치자, 동백, 수국, 조팝, 산수국, 장미, 복수 초, 매화, 홍매화, 명자, 코스모스, 해바라기, 그리고 황매단지가 있고 연못에는 연꽃이 있다. 따라서 사계절을 꽃이 돌아가면서 핀다.

'꽃밭의 서사'는 말 그대로 꽃 종류 하나하나마다 그 생리와 키우는 과정을 자세하게 묘사하고 있다. 꽃을 보기위해서는 그만한 대가를 지불해야 한다는 것을 독자는 금세 알아차리고도 남는다. 하루가 다르게 자라는 풀을 매주어야 하고, 영양(거름)도 주어야 하고, 그렇게 열심히 하지만 언제 실패할지 알 수가 없다.

「속이 든다는 것에 대하여」는 알이 차는 배추를 통해 인간과 사유를 말한다. 김장배추가 탄탄하게 속이 들어가는 것을 보면서 "김장때마다 속이 꽉 찬 배추를 안아들 때면 세상을 다 가진 것만 같은 풍족함을 떠 올린다." 그러면서 "나의 속은 무엇으로 채울 것"인가 라고 인간의 속사람에 대하여 사유한다.

명인숙의 작품집은 작품마다 매우 구체적으로 작물을 키우는 과정을 묘사한다. 그렇다고 명 작가가 농부는 아니다. 전형적인 도시인, 그것도 부산이라는 대 도시인이다. 먼저 농사 배경을 보면 고등학교 교장으로 재직 중인 남편과 함께 부산에서 경남 의령으로 주말마다 농사를 지으러 다닌다. 농장이라고 부르는 천 평이 넘는 밭에는 대봉감을 중심으로 온갖 과일나무를 키우고 있다. 농장에는 과일나무뿐만 아니라 꽃밭도 있고 연못도 갖추고 있는 그야말로 모범적인 전원이다.

남편은 취미로 농장을 만들어 나가고 천 평을 가꾸기에도 벅찬데 「끝없는 도전」에서 보여주듯이 다시 400평을 매입하여 일거리를 늘린다. 그것도 밭이 아니라 경사가 있는 산자락이다. 나는 사실 농장을 늘리는 것을 반대한다. 자라나는 풀은 매고 돌아서면 금세 무성해지고 일이 끝이 없기 때문이다.

그러나 남편은 친환경 농법을 꿈꾸며 점점 농장을 늘려간다. 더욱이 새로 매입한 산은 고라니 등 산짐승이 서식하고 있는 깊은 곳이다. 남편은 그곳에 꾸지뽕 나무를 심었고 4년만에 빨갛게 익은 달콤한 꾸지뽕 열매를 맛보게 해준다. 그때서야 나는 "땅은 절대로 거짓말을 하지 않는다고" 가르쳐주었던 아버지의 말씀을 확인하게 된다.

3

수필은 고백문학이라는 말대로 명인숙은 매우 충실하게 자신의 체험을 보여준다. 제2부에서는 ① 「처음, 그리고 마지막 생일잔치」, ② 「청보리밭에서 약속하다」, ③ 「아름다운 주례」가 돋보인다. ①은 평생 생일을 단 한 번도 차리지 못한 시어머니에 대한 내용을 담아낸다. 연세가 많은 시어머니는 가난하게 산 탓도 있지만 검소함이 몸에 배어 아들며느리가 생일을 차려주려고 아무리 설득을 해도 듣지 않는데, 돌아가실 때가 되자 며느리인 '나'에게 유언을 남긴다. 살아생전 생일을 단 한 번도 하지 않았으니 죽고 나면 소를 한 마리 잡아서 벗들과 동네 사람 모두 불러다 생일잔치를 해달라는 것이다. 나는 남편과 함께 정말 소를 한 마리 잡아 유언대로 큰 잔치를 벌이며 시어머니의 영혼을 즐겁게 해드리는 보기 드문 이야기로 아름답고 감동적이다.

②는 명인숙 본인이 고등학교 3학년 때 치렀던 폐결핵 투병생활에 대한 고백이다. 사실 병에 대한 고백은 쉬운 일이 아니다. 더욱이 결핵은 강한 전염성 때문에 격리가 필요할 경우도 있을 정도로 경계심을 갖게 한 병이다. 비록 고교시절 이야기이지만 과감하게 그것을 드러낸 것은, 투병을 통해 생사가 오고갔고, 또한 투병을 통해 새로운 생명의 세계를 발견했던 탓이다.

명인숙은 충청도 태안 출신으로 군인으로 예편한 아버지 슬하에서 맏이로 성장했다. 충청도라는 지역성도 그렇거니와 당시 군인정신은 한 점 흐트러짐 없는 절도 있는 행동을 해야 했다. 반공을 국시로 한 국가의 국민정신은 오로지 국가에 대한 충성과 애국이었다. 따라서 매사에 책임감, 의무감에 있어서 용의주도하고 철두철미하게 살아야 했다. 군인 출신 아버지는 그것을 명인숙에게 요구했고 명인숙은 그것을 당연하게 여기며 성장했다. 또한 아버지는 교육열이 높아 장녀이면서 맏이인 그를 고등교육을 시키려고 태안에서 교육도시 청주로 유학을 보냈다.

당연히 아버지의 기대에 부응해야 한다는 부담이 있었을 것, 좋은 대학에 진학하기 위해 무리하게 공부를 하게 되고, 그 결과 고3 때 결핵에 걸리게 된다. 하는 수 없이 학교생활을 휴학하고 병을 고치기 위해 낙향하는데, 병은 쉽게 낫지 않고 절망은 밀물처럼 밀어닥치게 된다. 그리고 어느 날 새벽 모든 것을 체념한 여고생은 태안 바닷가로 나간다. 거기서 삶을 마감할 작정이었다. 그러나 여명을 헤치고 떠오른 태양빛에 번쩍 정신이 들게 된다.

> 그런데 희한한 일이었다. 눈을 떴더니 기가 막힌 광경이 눈에 들어온 것이었다. 바다는 밀물 때였고, 동쪽하늘 구름 사이로 타는 듯한 붉은 빛이 부챗살처럼 퍼지고 있었다.(……) 순간 가슴이 쫙 갈라지듯 환해지면서 왈칵 눈물이 솟구쳐 올랐다.

지금까지의 서러움과 비통함과 억울함의 눈물이 아니라 알 수 없는 희망, 가슴 벅찬 환희의 눈물이었다.

—「청보리밭에서 약속하다」 중에서

떠오른 태양빛에 정신이 든 '나'는 근처 청보리밭이 푸르게 물결치는 걸 바라보며 다시 희망을 꿈꾸게 된다. 그리고 자신도 모르게 청보리밭으로 들어가 푸른 청보리처럼 푸르게 다시 살겠다고 스스로 약속한 것이다. 이와 같은 현실은 비단 병 때문만 아니라 팍팍한 삶을 이기지 못해 극적인 선택을 하는 일이 비일비재한 현실을 감안해 보면 독자에게 희망을 주는 중요한 내용이 아닐 수 없다. 그리고 이와 같은 병력을 과감하게 공개한 것은 그때 그 체험이 지금까지 정신적인 자산으로 자리 잡고 있는 탓이다.

③의 글은 주제가 '나'가 아닌 남편이며, 남편이 제자의 주례를 부탁받은 이야기다. 남편은 약자 편에 서는 성격으로 학교에서 학교 규칙을 어기는 학생들을 배려와 사랑으로 선도한다. 그러니까 학교에서 밉보이는 행동을 하는 아이들을 벌로 다스리기보다 감동시키는 것이다. 남자고등학교에서는 벌로 화장실 청소를 시키는데, 아이들은 좀처럼 응하지 않으

려고 한다. 남편은 직접 화장실 청소를 하면서 그런 아이들에게 감동을 주는 교사였다.

어느 날도 그와 같은 일이 벌어지게 된다. 한 고1 학생이 학교생활에 적응을 하지 못한 채 결국엔 자퇴하고 싶은 심정에 다다르게 된다. 따라서 그 학생은 학교 실습 시간을 빼먹기를 하면서 자퇴할 것만 생각하고 있었다. 결국 참다못한 담임선생님은 벌로 화장실 청소를 명령한다. 학생은 하는 수 없이 화장실로 갔지만 청소할 생각은 털끝만큼도 없었다. 자신은 어차피 학교를 그만 둘 것인데 더러운 화장실 청소를 하느라 고생하기 싫지 않았다.

그래서 짜증스러운 표정으로 화장실 앞에 서 있는데, 선생님 한 분이 열심히 청소를 하고 있었다. 그러면서 따뜻한 말로 "사회에 나가면 이보다 몇 배 더 더럽고 힘든 일들이 많단다."라고 말해준 것이었다. 그 한 마디에 학생은 자퇴하겠다는 마음이 확 바뀌게 되고 성실하게 공부하여 사회에 나가 대기업에 취업을 했고, 결혼을 한다면서 주례를 부탁하러 온 것이다.

이는 법정의 「설해목」(『무소유』, 범우사, 제3판, 1999)을 떠올리게 한다. 내용을 옮겨 보면 다음과 같다. "해가 저문 어느 날, 오막살이 토굴에 사는 노승 앞에 더벅머리 학생이 하나 찾아왔다. 아버지가 써준 편지를 꺼내면서 그는 사뭇 불안한 표정이었다. 사연인즉, 이 망나니를 학교에서고 집에서고 더 이상 손댈 수 없으니, 스님이 알아서 사람을 만들어달라는 것이었다. 물론 노승과 그의 아버지는 친분이 있는 사이였다. 편지를 보고 난 노승은 아무런 말도 없이 몸소 후원에 나가 늦은 저녁을 지어왔다. 저녁을 먹인 뒤 발을 씻으라고 대야에 가득 더운 물을 떠다 주었다. 이때 더벅머리의 눈에서는 주르르 눈물이 흘러내렸다.

그는 아까부터 훈계가 있으리라 은근히 기다려지기까지 했지만 스님이 한마디 말도 없이 시중만 들어주는 데에 크게 감동한 것이다. 훈계라면 진저리가 났을 것이다. 그에게는 백천 마디 좋은 말보다는 다사로운 손길이 그리웠던 것이다.

이제는 가버리고 안 계신 한 노사老師로부터 들은 이야기다. 네게는 생생하게 살아 있는 노사의 모습이다."

법정 스님은 이렇게 쓰면서 사밧티의 주민들을 공포에 떨게 하던 살인귀殺人鬼 앙굴리말라(사람 백 명을 죽여 손가락을 모아 만든 목걸이)를 귀의시킨 것은 부처님의 불가사의한 신통력이나 위엄이나 권위가 아니라 오로지 자비였다고 말한다. 그러면서 한겨울 눈이 내리는 밤이면 산골짝에서 눈에 꺾이는 소리가 메아리로 들려오는데 "정정한 나무들이 부드러운 것 앞에서 넘어지는" 소리를 들으며 밤새 사유에 잠겨 잠을 이루지 못한다고 했다.

3부에서는 ①「고독한, 너무나 고독한」, ②「그것은 살아있음의 증거였다」, ③「아름다운 영순 언니」 등이 눈에 뛴다. 수필가 윤오영이 수필을 곶감에 비유한 것처럼 이 작품은 모두 아름다운 인연과 인간의 삶에 대하여 매우 농도 깊은 사유를 보여주기 때문이다. ①은 의령 지방의 농장이 있는 마을 할머니의 생애에 대하여 관찰한 내용이다. ②는 역시 농장이 있는 마을의 할아버지에 대한 이야기이다. 마을에는 거의 노년들만 살고 있다. 특히 여성 노인들이 대부분이다. 아무튼 노인들은 평생 농사를 지으며 살아온 대로 농사를 짓다 세상을 떠나게 된다. ①의 할머니도 ②의 할아버지도 마찬가지다. 그리고 그들이 떠난 이후 '나'는 그동안 그들과의 인연으로 하여 마음이 아플 뿐만 아니라 그들의 쓸쓸한 삶에 대하여 허무를 느낀다.

할머니는 기운이 하나도 없어 보인 몸으로 우리가 일하는 동안 우리가 잘 보이는 곳에 앉아 있었다. 한참을 일하다가 보면 여전히 앉아 있는 게 마음이 쓰여 집으로 들어가시라고 했다. 그러자 할머니는 "집에 가봐야 혼잔데"라고 하시면서 천천히 자리를 떴다.

—「고독한, 너무나 고독한」 중에서

자굴산과 벽화산을 배경으로 하고 있는 의령 산골마을, 농장이 있는 마을에는 처음에 여덟 분의 할머니가 살고 있었다. 그런데 한 해 두 해 지나가면서 절반으로 줄어들고 말았다. 두 부부가 일을 하는 것을 구경하고 있는 할머니는 대장암 환자였다. 연세가 많아 암을 이기고 삶을 재생할 희망은 없다. 그러나 병보다도 일상을 홀로 견디는 것이 더 힘든 상황임을 말해주고 있는데 결국 할머니는 돌아가시고 작가의 기억 속에 쓸쓸한 모습을 남긴 것이다. ②의 할아버지는 죽는 순간까지 농사일에 전념한 케이스이다. 너무나 바쁘게 너무나 부지런히 일을 하다가 세상을 떠난다. 그리고 자기가 평생 일해온 밭에 묻히게 된다. '나'는 농장에서 빤히 바라보이는 곳에 묻힌 할아버지 묘를 바라보면서 생전에 할아버지가 쉬지 않고 부지런하게 일을 하던 모습을 떠올리게 되고, 할아버지가 죽는 날까지 부지런하게 살았던 것을 사유하게 된다. ③의「아름다운 영순 언니」는 '나'가 음식점을 경영할 때 종업원으로 채용한 분이다. 인정미 넘치게 종업원을 언니라고 부르는 것도 특이하거니와 평생 처음처럼 인연을 이어가는 것 역시 특별하다. 영순 언니는 가난한 가정의 모델이랄 수 있는 백수건달에 놀음쟁이, 술주정뱅이 남편과 4남매를 둔 어머니로서 가장 역할을 해야 한다. 그런 사정을 알게 된 '나'는 하루 영업하고 남는 반찬과 음식으로 그녀를 돕는 인정을 베푼다. 남편은 술로 간을 망쳐 죽게 되고, 자식 4남매는 잘 자라 좋은 직장을 얻게 되고, 영순 언니는 작든 크든 이제는 남을 도우면서 살아가는 여유를 즐긴다.

이런 의미에서 명인숙의 글을 읽게 되면 수필은 확실히 연륜의 문학이라는 것을 다시 한 번 생각하게 된다. 이태준이 「조숙」(『無序錄』, 1941)에서 "인생의 가을, 70, 80의 노경에 들어보지 못하고는 정말 '즐거움' 정말 '슬픔'은 모를 것"이라고 한 것이나, 수필가 윤오영이 수필을 곶감에 비유한 이유도 여기에 있다. 곶감은 싸늘한 늦가을 바람과 서리를 맞아가면서 충분한 일조량을 받아야 하기 때문이다.

4

앞에서 보았거니와 명인숙은 인생의 지천명이라는 50대부터 농장을 시작했다. 그리고 자연이 길러내는 오묘한 생장, 꽃 한 송이, 열매, 씨앗 등을 관찰하면서 자연의 이치와 지혜를 배운다. 「국화 옆에서」는 어느 날 남편이 잘 자란 국화를 허리께부터 모조리 쳐버리게 되고 나에게는 충격으로 와 닿는다. 일 년에 두 번 그렇게 두 번을 쳐주었는데, 많은 꽃, 더 아름다운 색깔을 내는 꽃이 핀다는 사실을 알게 된다. 무성한 국화잎을 쳐낸다는 것은 웃자람에 대한 경계를 상징한다. 사람이나 식물이나 웃자란 것은 튼튼한 결실, 보기 좋은 결실에 도달하지 못함을 말해주고 있다. 그런가하면 「지지대」는 기댈 수 있는 지지대가 필요하다는 것을 역설한다. 가지가 처져내린 감나무와 고령의 할머니와 아들인 Y씨가 서로 의지하면서 살아가는 모습을 통해 식물이나 인간에게 지지대가 얼마나 중요한가를 나타내 보인다.

명인숙의 수필은 완전한 체험으로 어우러져 있다. 그리고 여기에는 마치 농사 교본이라고 할 정도로 농사에 대한 정보를 묘사하고 있다. 어떤 글이든(문학이든 비문학이든) 글은 일단 정보를 포함한다. 그러나 이 정보는 두 가지 성격으로 나뉜다. 문학에서의 정보는 객관적 상관물로서 서정이라는 옷을 입게 되고, 구조라는 일종의 프레임을 갖게 된다. 그러나 무엇보다도 감동이라는 영양소가 풍부해야 한다. 감동은 곧 서정이며 서정은 어떤 무엇의 체험인 바, 그 체험의 리얼리티가 감동을 좌우하게 된다.

그리고 체험 혹은 경험은 문학차원뿐만 아니라 인류에게 매우 중대한 일이다. 오늘날 인류는 선대들의 체험과 경험에서 진보된 것이기 때문이다. 그러나 인간만이 남길 수 있는 체험은 글이 아니면, 글로 남기지 않으면 무용지물이다. 고대 조개무지 같은 흔적은 연대와 당시의 생활을 추측할 수 있게는 하나 더 이상 무엇(감정이나 정서를)을 설명하지는 못한다.

수필을 곧잘 무형식의 문학이라고 이른다. 형식이 따르지 않으므로 흔히 붓 가는 대로 쓰는 글, 마음가는대로 쓰는 글로 이해하는 것이 일반적인데 여기서 무형식은 특별한 의미를 담고 있다. 몰턴은 문학의 내용 즉 사상성思想性은 문학적인 진리를 나타내며 형식과 기교는 문학적인 미를 나타내는 것이라고 했다. 작품의 구조와 문체와 표현기교는 문학의 예술미를 결정한다.

시에서는 리듬, 이미지, 메타포, 상징 등이 시의 예술미를 만들어준다. 소설에서는 스토리, 플롯, 시점, 인물, 배경 등이 작품을 형성해간다. 다시 말해 시는 시대로 소설은 소설대로 형식의 제약을 받지 않으면 안 되지만 수필은 그와 같은 엄격한 제약에서 자유롭다는 설명이다. 그러나 무형식의 형식이 더 난해한 법이다. 좋은 수필, 예술미가 뛰어난 수필이 되자면 보이지 않는 수필의 특성인 내재적인 유기적 형식을 잘 살려야 하기 때문이다. 즉, 시적표현을 능가하는 은유와 상징과 알레고리, 아이러니, 패러독스가 뛰어난 표현이 필요하다. 또한 예리한 관찰력에서 우러난 세밀하고 치밀한 묘사, 지적인 비평정신과 사상, 선명한 주제와 유효적절한 어휘력 구사, 톱니바퀴처럼 딱 맞아 떨어진 인용, 잘 맞아 떨어진 문장의 호흡(리듬), 거침없는 문장의 흐름이 관건이다.

몇 가지 더 강조하자면, 수필은 산문문학이다. 산문의 상대적 개념은 운문이며 수필은 산문이다. '산문'이라고 하면 가장 먼저 수필을 떠올린다. 운문에서도 산문시라는 것이 있다. 그러나 수필과 성격이 엄연히 다르다. 산문문학에는 수필, 소설, 희곡이 모두 포함된다. 그러나 수필을 산문문학이라고 말한 데는 글쓰기의 기본을 가리키는 것과도 같다.

리드는 『영국 산문의 문체』를 통해 시는 창조적(압축과 응축) 표현이고 산문은 구성적(축적된 기억을 분화시키는 정신활동) 표현인데 산문은 분산과정에서 발생하는 것이라고 했다. 다시 말해 수필은 구성적 표현을 반영하는 산문문학으로서 소설이나 희곡은 의도적이며 조직적이지만 수필은 직접 작가의 사유에 비치는 제재를 표현하는 행위를 말하는 것이다.

수필은 다양한 제재의 문학이다. 글쓰기의 바탕이 본래 인간의 삶이니만큼 일생생활에서 쉽게 쓸 수 있는 수필의 제재는 언제나 주변에 있게 마련이다. 김진섭은 『수필의 문학적 영역』에서 "수필은 무엇이든지 담을 수 있는 용기"라고 했다. 그러므로 무엇을 담느냐는 작자에게 달렸으며 작자의 능력에 달려있다.

명인숙의 글은 인위적으로 꾸미고 장식하는 글이 아니다. 따라서 명인숙의 글을 읽다보면 함께 농사를 짓는 느낌에 사로잡히게 된다. 아니 자연과 물아일체가 된다. 명인숙은 첫 작품집에 자연과의 교감을 통한 순수 서정을 골라 담았다. 피천득이 말한 중년여인으로서의 글이며 전형적인 마음의 산책이다. 또한 번쩍거리지 않는 비단이며 은은한 비둘기 빛과 진주 빛이다. 그러니까 자신의 삶을 일기처럼, 한 점 티 없이 순수한 솔직함을 드러냈다. 따라서 몽테뉴가 누누이 강조했듯이 너무나 개인적이며 개성적인 수필의 정격을 보여주었다. 앞으로도 더욱 성실하게 문학을 하기 바라며 첫 작품집 상재를 축하한다. 그리고 제2집 3집이 줄지어 나올 것으로 기대하며 건필을 빈다.

가벼움으로 가는 길

초판1쇄 발행 2019년 11월 20일

지은이 명인숙
펴낸이 이길안
펴낸곳 세종출판사

주소 부산광역시 중구 흑교로 71번길 12 (보수동2가)
전화 051-463-5898, 253-2213~5
팩스 051-248-4880
전자우편 sjpl@chol.com
출판등록 제02-01-96

ISBN 979-11-5979-314-1 03810

정가 13,000원

이 도서의 국립중앙도서관 출판예정도서목록(CIP)은 서지정보유통지원시스템 홈페이지(http://seoji.nl.go.kr)와 국가자료공동목록시스템(http://www.nl.go.kr/kolisnet)에서 이용하실 수 있습니다. (CIP제어번호: CIP2019045271)

부산광역시 BUSAN METROPOLITAN CITY 부산문화재단 BUSAN CULTURAL FOUNDATION
본 도서는 2019년 부산광역시, 부산문화재단 지역문화예술 특성화지원사업으로 지원을 받았습니다.